나의 하나님은 크다

Gladys Aylward : The Little Woman

나의 하나님은 크다

글래디스 에일워드 지음 | 이현우 옮김

좋은씨앗

추천의 글

글래디스 에일워드는 우리와 다를 것 없는 지극히 평범한 사람으로 살 뻔했습니다. 하지만 자신을 특별한 인생으로 부르시는 하나님의 음성을 놓치지 않았습니다. 남다른 교육을 받지 않았고 풍족한 지원도 없었지만, 하나님의 부르심과 계획 가운데 순종으로 반응하고 오직 그분만 의지하며 살았습니다. 그렇기에 그녀의 인생 여정은 우리에게 감동을 줍니다. 글래디스 에일워드의 이야기를 통해 우리의 계획과 능력을 뛰어넘어 일하시는 하나님을 만나시길 바랍니다.

이찬수 목사 분당우리교회

글래디스 에일워드는 열네 살부터 남의 집 가정부살이를 했고 평균 이하의 학습 능력 탓에 선교사 훈련에서도 낙방했습니다. 그렇지만 지금은 낮고 낮은 자리에서 복음과 사랑으로 중국인을 섬긴, 현대 선교에서 가장 주목받는 독신 여성 선교사로 알려져 있습니다. 그렇게 되기까지 그녀에게 필요했던 건 하나님의 부르심과 그 부르심에 대한 간절한 열망, 그리고 순종하는 발걸음뿐이었습니다. 이 책에 실린 그녀의 삶을 통해 보게 되는 여러 모습은 우리에게 충분한 영감과 웃음과 감동을 줄 것입니다.

이대행 선교사 선교한국 대회 상임위원장

글래디스 에일워드는 선교사로 나가기에는 다른 일반 사람들에 비해서도 열악한 자격조건을 갖추고 있었고, 게다가 당시에는 여성으로 선교단체에 허입되는 것조차 쉽지 않았습니다. 그러나 선교를 향한 그녀의 열정은 누구도 막을 수 없었습니다. 어느 역사가는 "선교의 위대한 진보는 중심부의 인물들에 의해서 이뤄진 것이 아니라, 주변부 사람들에 의해서 중심부가 복음으로 정복되는 역사였다"고 말했습니다. 하나님은 진실로 위대한 하나님이십니다. 그러므로 그분은 일을 행하시기 위해 큰능력을 가진 사람이 아니라 단지 그분께 순종하는 사람을 찾으십니다. 글래디스 선교사의 이야기를 읽으면서 우리는 다시 한번 위대하신 하나님과 그 분께 순종하는 자들이 누리게 될 놀라운 축복을 경험하게 될 것입니다.

한철호선교사 선교한국 파트너스 상임위원장

〈좋은씨앗〉은 하나님의 말씀입니다. 이 말씀이 좋은 마음밭에 떨어져 하나님의 나라가 확장되고,
예수 그리스도를 본받아 그 향기를 품은 성령의 사람들이 세상에 넘쳐나길 기대합니다.
그래서 백 배, 육십 배, 삼십 배의 결실을 맺기를 소망합니다.
〈좋은씨앗〉은 이와 같은 소망과 기대를 품고 출판 사역으로 하나님께 쓰임 받기를 기도합니다.

나의 하나님은 크다

초판 1쇄 인쇄 2012년 4월 20일
초판 1쇄 발행 2012년 4월 25일

지은이 글래디스 에일워드
옮긴이 이현우
펴낸이 신은철
펴낸곳 도서출판 좋은씨앗
출판등록 1999.12.21 등록 / 제4-385호
주소 137-130 서울시 서초구 양재동 2-30번지, 덕성빌딩 4층
전화 02) 2057-3043 (편집부) / 02) 2057-3041 (영업부)
팩스 02) 2057-3042
홈페이지 www.gsbooks.org
이메일 sec0117@empal.com

This book was first published in the United States by Moody Publishers.
820 N. LaSalle Blvd., Chicago, IL 60610
with the title Gladys Aylward: The Little Woman
Copyright ⓒ1970 by The Moody Bible Institute of Chicago
Translated by permission
Korean translation Copyright ⓒ 2011 by GoodSeed Publishing

본 저작물의 한국어판 저작권은 Moody Publishers와 독점 계약한 〈좋은씨앗〉에 있습니다.
신저작권법에 의하여 한국 내에서 보호받는 저작물이므로 무단전재와 무단복제를 금합니다.

ⓒ 좋은씨앗, 2011

ISBN 978-89-5874-185-5 03230
Printed in Korea

약하고 부족해서 하나님의 부르심에 순종한
글래디스 에일워드 이야기

목차

...프롤로그 11
1 ...부르심 13
2 ...출국 27
3 ...사냥꾼의 올무에서 새같이 43
4 ...여관 59
5 ...전족 금지명령 67
6 ...나인펜스 75
7 ...칭 아줌마 79
8 ...폭풍 속의 고요 91
9 ...전쟁 101

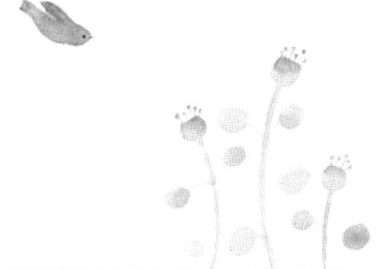

10 ... 피신 119
11 ... 머나먼 여정 127
12 ... 청진기 149
13 ... 이처럼 사랑하사 159
14 ... 샨 175
15 ... 죽음에 이르기까지 185
16 ... 영국으로 195
17 ... 윙 카이 201
18 ... 낡은 양복 215

프롤로그

그날은 선교사의 특별 간증이 예정된 주일이었다. 예배 시간이 가까워오자 중국 전통 복장 차림의 한 여성이 나타났다. 키가 작고 행색이 남루해 선교사라기보다는 신원이 분명치 않은 낯선 중국 여인 정도로 보였다.

그녀가 강단에서 입을 열었을 때, 교인들 사이에 동요가 일었다. 중국인일거라 싶었던 여자가 유창하게 영어를 말하기 시작했기 때문이다. 그녀가 간증을 마쳤을 때는 처음보다 더 큰 동요가 일었다. 하나님이 재능 없고 보잘것없는 한 여인을 통해 얼마나 큰일을 행하셨는지를 알게 되었기 때문이다.

그녀의 이야기는 순식간에 사람들 사이에서 큰 반향을 일으켰고 이곳저곳에서 그녀를 만나고 싶다는 요청이 쇄도했다. 곧 그녀의 이야기는 책으로 출판되어 베스트셀러가 되었을 뿐만 아니라 당시 최고의 영화배우가 주인공으로 출연하는 영화로도 만들어졌다.

오늘날에도 그녀는, 허드슨 테일러나 윌리엄 캐리처럼, 누구나 한번쯤은 어떤 식으로든 사연을 접하게 되는 선교사이자 하나님의 부르심에 순종으로 응답한 귀중한 산 증인으로서 우리에게 알려지고 있다.

그녀의 이름은 글래디스 에일워드이다.

1. 부르심

나는 배우가 되고 싶었다. 그게 꿈이었다. 많이 배우지는 못했어도 연기하는 것만큼은 좋아했다. 유년 시절에는 크리스천 가정에서 태어난 덕분에 교회 다니는 게 익숙했고 주일학교에도 빠지지 않고 나갔다. 그러다 나이가 들면서 어쩐 일인지 종교와 관계된 것에는 점차 시들해져버렸다.

그 시절 대부분의 여자들은 상류층이 아니면 보통은 '남의 일을 거드는' 직업을 얻었다. 노동자 계급 출신 여자들에게 그런 일 말고는 딱히 다른 일이 없었기 때문이다. 나도 어느 집에 가정부로 들어가 잔심부름 일을 했다. 하지만 밤에는 연극 연습을 했다. 어떻게든 돈을 모아 무대에 서야겠다는 생각이 있었다.

그러던 어느 날 밤, 결코 설명하지 못할 몇 가지 이유로, 나는 크리스천들의 모임에 참석했다. 거기에서 생전 처음으로 하나님께서 나의 삶을 원하신다는 것을 깨닫고 예수 그리스도를 구세주로 영접했다.

그 후 영라이프(Young Life)라는 단체에 들어갔고, 그곳에서 발행하는 한 잡지에서 중국에 관한 기사를 읽게 되었다. 그것은 나에게는 큰 충격이었다. 엄청난 숫자의 중국인들이 예수 그리스도에 관한 복음을 한 번도 들어보지 못했다는 내용이었다. 나는 강박증에라도 걸린 사람처럼, 우리가 이대로 있어서는 안 되고 누군가는 그 사람들을 위해 무엇이든 해야 한다고 생각했다.

그래서 크리스천 친구들을 찾아가 그들에게 중국에 관해 이야기했다. 하지만 아무도 관심을 보이지 않았다. 그 다음에는 오빠에게 중국에 관한 이야기를 꺼냈다. 오빠가 중국에 가기만 하면 내가 기꺼이 도우리라는 생각과 함께.

"나는 아니야!" 오빠는 퉁명스럽게 대답했다.

"그건 딸린 식구 없는 노처녀들이 할 일이지! 네가 가는 게 어때?"

'노처녀들이 할 일이라고?' 나는 화가 났지만 꾹 참았다. 하지만 뒤통수를 맞은 듯한 충격을 받았다. 나는 왜 다른 사람들만 중국에 가기를 바랐을까? 왜 나 대신 그들을 보내려고 했을까? 나는 가면 안 되나?

그때부터 나는 수천 마일 떨어진 나라로 갈 수 있는 방법을 찾기 시작했다. 내가 그곳에 대해 아는 것이라곤 중국인들도 하나님의 사랑에 대해 말해 주어야 할 누군가가 필요하다는 사실뿐이었다. 나는 그러려면 어느 선교단체에 들어가야 한다는 얘기를 들었고, 그래서 그 단체가 운영하는 학교에 3개월 동안 다니게 되었다.

3개월의 훈련을 끝마칠 무렵 선교단체의 운영위원회는 학력이나 여러 자격에서 기준에 크게 미달인 나를 받아들일 수 없다는 결정을 내렸다. 특별히 중국어를 배우기에는 내가 너무 버거울 거라고 판단했다.

나는 말없이 위원회 사무실을 빠져나왔다. 나의 모든 계획이 수포로 돌아갔다. 돌이켜보면, 그 사람들을 탓할 수가 없다. 그 당시 내가 얼마나 부족한 사람이었는지는 누구보다 내가 잘 알기 때문이다. 나중에 내가 중국어를 원어민 수준으로 말할 수 있게 된 것은 철저하게 나를 향한 하나님의 은혜로운 기적이었다. 위원회의 책임자가 나를 따라 밖으로 나왔다.

"이제 어떻게 할 계획입니까, 에일워드 양?" 그가 친절하게 물었다.

"잘 모르겠어요. 하지만 한 가지 확실한 건 있어요. 하나님은 제가 잔심부름이나 하는 가정부로 살기를 원치 않으신다는 점이에요. 하나님은 제가 그분을 위해 무언가 하기를 바라실 거예요."

"그러면 잠시 동안 은퇴 선교사를 돕는 일을 해보는 건 어떠세요? 그분들은 집안일을 도와줄 사람이 필요하거든요."

"그분들은 어디 계시죠?"

"브리스톨(Bristol)에 살고 있습니다. 가보겠습니까?"

"좋아요. 그렇게 하겠어요. 그 동안 이곳에서 모든 분들이 저한테 베푼 친절에 감사 드리고 싶어요. 이 학교에서 더 배우지 못하는 것은 유감입니다만, 제 실력이 이것 밖에 안 되는 걸요. 하지만 이곳에서 기도하는 법을 배웠어요. 특별히 이것만큼은 감사한 마음을 결코 잊지 못할 겁니다."

* * *

나는 은퇴 선교사인 피셔(Fisher) 부부를 돕기 위해 브리스톨로 향했다. 그곳에서 그들로부터 많은 것을 배웠다. 무엇보다 하나님을 향한 그들의 절대적인 신앙은 나에게는 전혀 새로운 것이었다. 그 전에는 하나님을 그처럼 절대적으로, 그처럼 무조건적으로, 그처럼 순종적으로 의지하는 사람들을 만나본 적이 없었다. 그들은 하나님을 멀리 계신 존재로가 아니라 자신들의 친구처럼 알고 있었다. 실제로 그들은 하나님과 매일 친구처럼 교제하며 지냈다.

그들은 나에게 자신들이 외국에서 선교사로 있으면서 경험한 일화들을 들려주었다.

"하나님은 우리를 결코 실망시키지 않으십니다. 하나님은 우리의 기도에 우리가 원하는 대로 응답하지 않으실지도 모릅니다. 그러나 그분은 기도에 분명히 응답하십니다. 기억해야 할 사실은 '노(no)'라는 응답도, '예스(yes)'라는 응답 못지않게 분명한 응답이라는 겁니다."

"하나님께서 제가 중국으로 가기 원하시는지 아니면 브리스톨에 남기 원하시는지 어떻게 알 수 있을까요?"

"하나님은 그분의 시간에 자매님에게 그분의 뜻을 보여주실 겁니다. 그때까지 기도하기를 멈추지 마세요."

노회한 선교사 부부는 함께 지내는 동안 오히려 나를 도와주었을 뿐만 아니라 끊임없이 격려해 주었다. 그러는 동안에도 나는 계속해서 '내 아버지의 일'에 관여하고 싶어 조바심을 냈다.

은퇴 선교사 부부를 돕는 일을 마친 후에, 나는 크리스천여성협회(Christian Association of Women and Girls)에서 일하기 위해 니스(Neath)로 갔다. 하지만 거기서는 마땅한 일거리를 찾지 못했고 다시 스완지(Swansea)로 옮겨 윤락녀를 위한 봉사자로 섬겼다. 나는 밤마다 부둣가 인근의 노란 가스등이 켜진 어둡고 기분 나쁜 거리를 배회하는 여인들과 어린 소녀들에게로 향했다.

어느 때는 선술집으로 가서 선원들의 먹잇감이 돼버린 만취한 소녀들을 구해 숙소로 데려갔다. 주일날이 되면 그녀들을 가능한 대로 불러모아 스넬링 선교회(Snelling's Gospel Mission)에 가기도 했다. 나는 그 일이 좋았고 가지 있는 수고라고 생각했다. 그럼에도 중국을 향한 갈망만큼은 떨쳐버릴 수 없었다. 바쁘고 정신없는 와중에도 마음 한켠에는 언제나 중국이 있었다. 하나님이 나를 그곳으로 보내기 원하신다는 생각을 지울 수가 없었다.

만일 선교단체를 통해서 갈 수 없다면, 어린 자녀를 돌볼 보모가 필요한 가족과 함께 해외로 나갈 수 있을 거라고 생각해 어느 날에는 런던으로 가서 사람들의 조언을 구했다. 그러나 모두들 고개를 저었다.

"중국에 대한 생각은 그만 잊어버려요." 그들은 단호했다.

"지금 하고 있는 구제 사역도 충분하잖아요. 지금 그 일을 계속해요."

나는 풀이 죽고 낙담한 채 스완지로 발걸음을 돌렸다. 돌아오는 기차 안에서 성경을 꺼내 책장을 넘기다가 문득 이런 생각이 들었다.

"사람들에게 복음을 전하려면 성경을 충분히 알아야 하는데, 나는 그렇지가 못해. 어쩌면 성경을 제대로 아는 일부터 새로 시작해야 할지도 몰라."

나는 성경의 첫 장부터 시작해 아브라함에 이를 때까지 계속 읽어 내려갔다. "여호와께서 아브람에게 이르시되 너는 너의 고향과 친척과 아버지의 집을 떠나 내가 네게 보여 줄 땅으로 가라 내가 너로 큰 민족을 이루고 네게 복을 주어 네 이름을 창대하게 하리니 너는 복이 될지라" (창 12:1-2).

이 구절이 나를 강하게 붙들었다. 여기에 하나님이 부르심을 따라 모든 것, 다시 말해 자신의 터전과 자신의 혈족, 그리고 자신의 안녕을 버리고 낯선 땅으로 간 사람이 있었다. 단지 하나님께서 그에게 떠나라고 하셨다는 것 때문에 말이다. 어쩌면 하나님은 내게도 이와 똑같은 일을 하도록 요구하고 계실지도 모른다는 생각이 들었다.

모세의 이야기에 이르러 새로운 붙들림이 찾아왔다. 아무것도 없었음에도 무언가를 해낸 또 한 사람이 여기 있었다. 이스라엘이라 불리는 고집불통의 거대한 무리들과 함께 그 길고 오랜 여정을 시작할 수 있었던 건 정말 대단한 용기가 아니었을까. 하나님께 순종하고 애굽의 모든 세력과 바로의 위협에 맞서기 위해 그는 얼마나 큰 믿음이 필요했을까. 하지만 모세는 하나님의 말씀대로 걸음을 내디뎌야 했다. 순종의 움직임이 필요했다. 그래서 오랫동안 은둔하며 살던 광야의 조용한 자기 집을 떠나야만 했다.

나는 이 대목에서 아주 중요한 메시지를 발견했다고 믿었다. "만일 내가 중국으로 가기 원하신다면 하나님께서 나를 그리로 데려가실 것이다. 하지만 그 전에 나는 순종하는 마음으로 움직여야 하며, 내가 가진 조그만 안락과 안전을 포기해야 한다."

마침내 나는 런던으로 돌아가서, 거기서 다시 가정부 일을 얻어, 중국으로 가기 위한 여비를 직접 마련하기로 결심했다.

새로운 일터에서 일하기 시작한 지 사흘 째 되던 날, 나는 침대에 앉아 성경을 읽고 있었다. 느헤미야서였다. 느헤미야가 겪고 있는

런던 가정부 시절의 글래디스 에일워드

모든 상황이 평범하게 다가오지 않았다. 그가 예루살렘에 대한 슬픈 소식을 듣고 아무것도 할 수 없게 되자 심히 통곡했던 이유를 이해할 수 있었다. 나와 비슷하게, 일종의 하인이었던 그는 자기 고용주에게 매여 있는 처지였다. 그도 나처럼 주인의 말에 복종해야 했을 거라는 생각이 들었다. 그런 다음 2장에 이르렀을 때 나는 벌떡 일어서며 크게 소리를 질렀다. "결국 가고 말았네." 뭔지 모를 뜨거움이 내 안에서 솟구쳤다. "아무것도 그를 막지 못했어."

그때 마치 누군가가 방 안에 있는 것처럼 또렷한 음성이 들렸다.

"글래디스 에일워드, 느헤미야의 하나님은 너의 하나님이냐?"

"물론이죠." 내가 대답했다.

"그러면 가라. 느헤미야처럼 하거라."

"하지만 나는 느헤미야가 아닙니다."

"그래. 하지만 나는 느헤미야의 하나님이다."

이것으로 모든 것이 해결됐다. 나는 이것이 내게 떨어진 진격 명령이라고 믿었다.

나는 성경을 침대 위에 놓았다. 그 옆에는 〈매일의 빛(Daily light)〉이라는 책 한 권과 나의 전 재산인 2펜스 반이 놓여 있었다. 나의 전 재산이라니. 얼마나 우스꽝스러운 현실인가. 하지만 나는 이렇게 말했다. "하나님, 제가 다른 사람들에게 간절히 전해 주고 싶은 성경이 여기 있고, 날마다 새로운 약속을 주는 〈매일의 빛〉과 2펜스 반이 여기 있습니다. 하나님께서 원하시면, 이것을 가지고 중국으로 가겠습니다."

바로 그때 다른 가정부 하나가 머리를 문 안으로 들이밀고 말했다.

"글래디스, 너 미쳤니? 혼자서 무슨 말을 그렇게 하니?"

누가 뭐래도 상관이 없었다. 나는 하나님께서 나를 떠나게 하실 것이며 그분 명령에 순종할 준비가 되어 있음을 확신했다. 그때 벨이 울리고 여주인이 나를 불렀다.

"나는 가정부를 고용할 때 항상 차비를 줍니다. 여기 오면서 차비가 얼마 들었죠?"

"에드먼튼(Edmonton)에서 여기까지 2실링 9펜스 냈습니다."

"그러면 여기 3실링 받아요, 글래디스. 우리 집에서 앞으로 잘 지냈으면 좋겠어요."

"고맙습니다."

순식간에 3실링이 채워졌다. 나는 쉬는 날에도 다른 집에서 잔일을 도와 돈을 모았고, 때로는 만찬 준비를 도운 대가로 10실링이나 1파운드를 받았다. 어느 때는 밤새 계속되는 사교 파티장에 가서 밤샘으로 일하고 2파운드 10실링까지 벌었다. 물론 모두 저축했다.

해상 여객 터미널에 가서 중국으로 가는 배삯을 알아봤더니 가장 저렴한 게 90파운드였다. "90파운드라고요?" 그러자 직원이 말했다. "그보다 싼 걸 원하세요? 그러면 유럽과 러시아, 시베리아를 경유하는 철도 밖에 없는데요."

나는 헤이마켓(Haymarket)에 있는 뮬러(Muller) 사무실을 찾아갔다.

"중국으로 가는 편도행 열차표를 사려면 얼마인가요?"

직원이 눈을 동그랗게 뜨고 물었다.

"중국! 중국이라고? 아가씨, 지금 농담하는 거예요? 뭘 원하는데요?"

"중국까지 가는 기차표 한 장에 얼마나 하는지 알고 싶어서요."

"그래요? 모르겠는데. 정 원하면 알아볼 테니, 하루나 이틀 뒤에 다시 와요."

런던에서 텐진(Teintsin)까지의 기차 표값은 47파운드 10실링이었다. 하지만 만주에서 전쟁이 일어났기 때문에 그곳까지 무사히 갈 수 있을 거란 보장은 못한다고 했다.

"너무 위험해요." 직원이 인상을 쓰며 말했다.

"위험이 있더라도 꼭 가야 해요. 그 기차표를 미리 한 장 예약할 수 있을까요?"

나는 그에게 3파운드를 건넸다. 그 다음부터 1파운드가 모아질 때마다 그것을 뮬러 사무실로 가져갔다. 처음에는 비용을 모으는 일이 거의 불가능한 것처럼 보였다. 그러나 몇 달이 지나는 동안 계속해서 이상한 일들이 일어났다.

어느 날 여주인이 친구와 함께 파티에 가기로 했다가, 그 친구가 병이 나서 참석할 수 없게 되었다. 그러자 나를 조용히 불러 이렇게 말했다.

"글래디스, 내 친구 대신 나와 함께 파티에 갔으면 좋겠어요."

"저도 가고 싶지만…"

"왜요? 무슨 어려움이 있어요?"

"지금 입고 있는 이 옷이 저한테는 가장 좋은 옷인걸요?"

"아! 그 때문이라면 여기 옷장 열쇠가 있으니, 원하는 대로 골라

입어요."

그날 오후, 나는 그때까지 눈으로 보기만 했던 고급스런 의상으로 머리부터 발끝까지 차려입고 여주인과 함께 꿈 같은 시간을 보냈다. 집으로 돌아와 옷을 벗으려는데 여주인이 말했다.

"오늘 정말 멋지던데요. 지금 입고 있는 옷은 그냥 가져요."

이렇게 해서 나는 내 힘으론 결코 구할 수 없는 옷을 선물로 받아 중국에 갈 때까지 입을 수 있었다.

이런 식으로 기적과 같은 작은 사건들이 빈번하게 일어났고, 당초 3년이 걸릴 거라던 예상과 달리 가을이 끝나갈 무렵에는 중국행 기차표값 47파운드 10실링을 전부 마련할 수 있었다.

이제 문제는 중국의 어느 지역으로 가느냐 하는 것이었다. 그런데 이때쯤 어떤 목사님이 찾아와 교회에서 벌이는 캠페인의 진행을 도와달라고 요청했다. 내가 교회 일에 뛰어든 것은 이때가 처음이었다. 그리고 캠페인의 일환으로 열린 한 집회에서 나이든 숙녀 한 분이 나를 붙들고 말했다.

"나도 중국에 관심이 많아요. 한 친구가 중국에 있기 때문이지요. 로슨(Lawson) 부인이라고, 나이가 벌써 일흔셋이에요. 중국에서 오랫동안 선교사로 지내다가 남편이 죽으면서 귀국했답니다. 그런데 이곳 생활이 편하지 않았나봐요. 그 나이에 다시 중국으로 가버렸지 뭐예요. 얼마 전에는 그녀가 다른 친구에게 편지를 보내왔는데, 그 편지에는 하나님께서 젊은이들의 마음을 감동시켜 중국으로 향하게 하시고, 그녀가 이제 막 시작한 사역을 계속할 수 있게 해주시라고 간절히 기도하고 있다는 내용이 적혀 있었대요."

"그분이 찾고 있는 사람이 바로 저예요." 나는 그렇게 대답했다. 그리고 그 편지를 받았다던 사람을 찾았다. 주소를 알아내 로슨 부인에게 편지를 보냈고, 오랜 기다림 끝에 답장이 왔다.

"자매님이 올 수만 있다면 톈진에서 우리가 만날 수 있을 거예요."

이거면 충분했다. 기차는 나를 톈진까지 데려다 주기로 되어 있었다. 그때부터 서둘러 짐을 꾸리기 시작했다. 아버지의 간곡한 요청으로 며칠 동안 집에서 함께 지내는 동안 모두들 아낌없는 배려를 해주었다. 같이 가정부로 일하던 아이비 벤슨(Ivy Benson)은 내게 꼭 필요한 여행용 가방을 선물로 주었다. 물론 당시에는 그 가방이 이름을 밝히지 않은 채로 들어와서 누가 주었는지 몰랐고 오랜 시간이 지나서야 알게 되었다. 어머니는 나의 외투와 코르셋 속에 차표, 여권, 성경, 만년필, 그리고 1파운드짜리 여행자수표 두 장이 들어갈 수 있는 비밀 주머니를 만들어 주셨다. 다른 친구와 그 가족들은 두툼한 털외투를 포함한 여러 벌의 따뜻한 겨울옷을 장만해 주었다.

지난 날을 돌이켜보니, 그들이 나에게 얼마나 잘해 주었는지 더욱 실감하게 된다. 부모님은 자기 딸이 어쩌면 다시 돌아오지 못할 수천 마일 떨어진 곳으로 향하는 것을 얼마나 아픈 가슴으로 지켜보셨을까? 그분들이야말로 가장 큰 희생을 치르신 게 아닐까? 그분들이 나를 말리지 않은 것에 대해 나는 얼마나 감사를 드려야 할지 모르겠다.

여행 가방 속에는 직접 구운 과자, 소금에 절인 고기와 조리된 콩, 말린 생선과 육포, 커피 가루, 각종 차, 그리고 삶은 계란들로 가득채웠다. 낡은 군용 모포에도 옷가지와 침낭, 냄비, 찻주전자, 조그만 알코올 풍로 등 자질구레한 물건들을 집어넣었다. 중국으로 가는 길에 음식을 사먹을 돈이 없었으므로, 끼니 해결할 것들은 직접 가져가야 했다. 꾸려진 여행 가방은 무거웠다. 그러나 멀리 가면 갈수록 짐은 점점 가벼워질 것이었다.

2. 출국

1932년 10월 15일 토요일 오전 9시 30분, 기차는 리버풀 스트리트(Liverpool Street) 역을 천천히 빠져나갔다. 기차 안에서 점점 멀어져가는 사랑하는 사람들의 얼굴을 마지막으로 바라보면서 내 자신이 아주 작고 보잘것없는 존재처럼 느껴졌다. 아브라함이나 모세도 그랬겠지. 나는 모든 것을 뒤에 남겨둔 채, 나의 도움이신 하나님과 단 둘이서 미지의 세계로 향하고 있었다.

여정은 순조로웠고, 나는 집에 부칠 편지를 쓰면서 시간을 보냈다. 기차는 하리치(Harwich)에서 플러싱(Flushing)까지 영국을 가로질러 갔고, 그 다음에는 네덜란드를 통과하기 시작했다.

리버풀 스트리트 역을 출발하면서 함께 기차에 올랐던 한 부부가 계속 눈에 들어왔다. 남자의 특이한 염소수염이 무척 인상적이어서 그랬던 것 같다. 플러싱까지는 잘 보지 못하다가, 플러싱에서 객실로 들어갔을 때 두 사람이 앞자리에 앉아 있었다. 아내인 듯한 여자가 내게 미소를 지었다.

"많은 분들이 리버풀 스트리트 역에 아가씨를 배웅하러 나왔더군요?"

"네. 부모님과 제 친구들이에요."

"아가씨는 어디로 가는 중이세요?"

"중국으로 가고 있어요."

"중국이라. 거기 결혼할 약혼자가 있나 봐요?"

"아니에요. 그렇지는 않고요… 예수 그리스도의 복음을 전하러 가고 있어요."

그런 나의 대답에, 두 사람의 표정이 꽤 흥미롭다는 듯 바뀌었다. 마침 그때 안내원이 들어왔고 여자는 프랑스어로 무어라고 말했다. 잠시 후 안내원은 뜨거운 초콜릿이 든 주전자와 과자를 가지고 다시 나타났다.

"함께 드시죠."

여자가 함께 들기를 권했고, 우리는 뜨거운 초콜릿 한잔에 조금씩 가까워져갔다.

"우리는 케스윅(Keswick)에서 열린 신앙 집회에 참석하고 오는 길이에요. 집은 헤이그(Hague)에 있어요. 나는 영국인이지만 남편은 네

덜란드에서 태어나 자랐고 국회의원이기도 하지요. 지난 한 주는 정말 놀라운 축복의 연속이었어요. 집회를 통해 하나님을 이전보다 더 깊이 알게 되었답니다."

내 가슴이 두근거리기 시작했다. 여기서 주님을 사랑하는 사람을 둘이나 만나다니. 기차가 헤이그에 다다를 때까지 우리는 서로에 대해 조용히 대화를 나누었고, 대화 끝에 여자는 이렇게 말했다.

"자매님에게 약속을 하나 해주고 싶어요. 내가 이 땅에서 숨을 쉬는 날 동안 매일 밤마다 9시에 자매님을 위해 기도할게요. 자매님의 이름을 내 성경책에 적어 놓겠어요. 그리고 자매님 성경에도 내 이름을 적게 해주세요. 아마도 이 세상에서 우리가 다시는 서로 못 만나게 될 테지만, 언젠가는 하늘에서 만나길 기대할 게요."

기차가 헤이그에 도착했을 때, 그 여자는 내게 입을 맞추고 힘껏 안은 채 한 동안을 그렇게 있었다. 짧은 만남이었음에도, 우리는 이 상하리만치 강한 연대감으로 서로를 안아주었다. 남자는 문에 서서 내 손을 잡고 정중하게 말했다.

"하나님이 크게 축복하시고 늘 함께 하시기를 빕니다."

기차가 역을 빠져나와 두 사람이 보이지 않을 때까지 나는 창밖을 계속 내다보았다. 그들은 내가 떠나온 고향과 내가 알고 있던 사람들의 마지막 연결고리처럼 느껴졌다.

내 손에 무언가가 쥐어져 있음을 인 것은 객실로 들어와 자리에 앉았을 때였다.

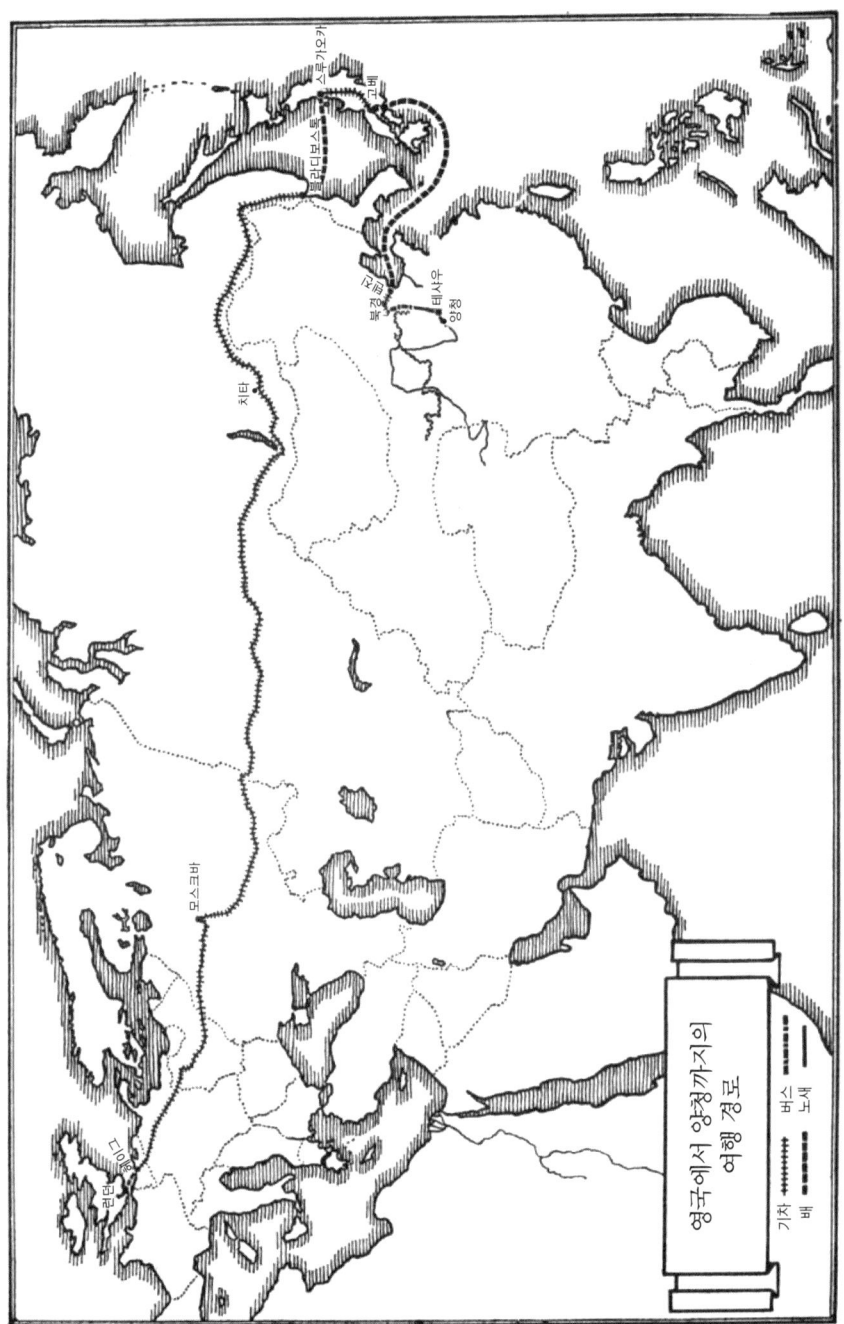

'그분들은 내가 영국 돈이 필요 없는 곳으로 가고 있는 걸 아실 텐데…'

나는 그것을 비밀 주머니 속에 집어넣었다. 수천 마일을 더 여행한 후 그 지폐는 위급한 시기에 아주 유용하게 쓰였다. 그 지폐가 내 목숨을 구해 주었다고 말할 수 있을 만큼.

이제 정말 나는 혼자라고 느꼈다. 주위의 모든 사람들이 나와는 다른 스타일의 옷을 입고 있었고, 내가 이해할 수 없는 이상한 소리로 말을 하고 있었다. 기차가 독일로 들어갔을 때 역무원이 나에게 뭐라고 얘기했지만, 한 마디도 알아듣지 못했다. 한 독일인 소녀가 나를 구해 주었다. 영어를 약간 할 줄 아는 그녀는 나에게 그 남자가 세관에 신고할 물건이 있는지를 알고 싶어한다고 설명해 주었다.

소녀는 매우 친절했고, 나를 베를린에 있는 자기 집으로 데려가 억지로 하룻밤을 묵게 했다. 기차가 독일에 잠시 정차하는 하루 동안 소녀는 나를 데리고 다니며 시내 이곳저곳을 구경시켜 주기까지 했다. 다음 날 기차는 바르샤바, 모스크바, 바이칼 호를 경유하여 하얼빈까지 이어지는 긴 여행을 다시 시작했다.

기차가 여러 나라의 도시를 지날 때마다 눈에 비친 풍경도 달라졌다. 그 중에서도 러시아의 풍경은 나를 우울하게 만들었다. 사람들은 가난하고 옷은 남루했으며, 특히 여자들이 거친 일을 많이 하는 듯 보였다. 심지어 어떤 여자들은 남자한테도 힘겨울 듯한 커다란 짐을 지고 다녔다.

역은 항상 사람들로 붐볐으며, 주위에는 온갖 꾸러미들과 잡동사니들이 널려 있었다. 꽤 어린 소년이 무거운 짐을 이고 비틀거리며 지나가던 모습이 계속 눈에 밟혔다.

모스크바 역에 잠시 정차해 있는 동안 수십 명의 군인들이 나타났다. 그들은 우리나라 군인들과 많이 달랐다. 군복 때문이기도 했겠지만, 단정하지 못하고 씻지 못해 더럽다는 인상을 받았다. 어떤 군인은 빵을 겨드랑이에 끼고 다니면서 그것을 떼어 먹었다.

그렇게 사람들을 보고 있자니 갑자기 외로움이 몰려왔다. 이 낯선 공간에서 작고 왜소하고 심지어 사람들에게 이방인으로 비칠 내 모습이 그려졌기 때문이다. 그럼에도 불구하고 이내 평안을 되찾을 수 있었다. 이곳까지 오는 동안 여태껏 하나님이 내게 베푸신 일들을 기억해 봤다. 하나님께서 나를 중국으로 데려가 거기서 그분의 일을 하게 하실 것이라는 믿음이 버팀목처럼 느껴졌다.

알아들을 수 없는 언어 때문에 아무하고도 말을 할 수 없던 터라 여행은 때때로 단조로웠다. 그래도 불편한 점은 거의 없었다. 나는 집에서 마련해온 것들로 끼니와 매일의 필요를 해결했고, 밤에는 가끔씩 침대를 빌릴 수도 있었다. 깃털을 넣은 침대 요는 조금만 움직여도 사방으로 깃털이 날리긴 했지만.

기차에서 할 수 있는 유일한 운동은 복도를 걷는 것이었다. 그러다 기차가 연료로 쓸 목재 공급을 위해 잠시 멈춰 서는 때면 기차 일꾼들이 나무를 톱질하는 동안 모두 밖으로 나가 이리저리 걸어 다녔다.

　러시아를 가로질러 점점 깊숙이 들어가면서 물이 부족해졌다. 나는 집에서 가져온 조그만 찻주전자 분량의 물로 하루를 버텨야 했다. 차창 밖으로 보이는 풍경은 점점 황량해져 갔으며, 기차는 이따금씩 크게 덜컹거렸다. 나는 식욕을 잃고 몸도 기운이 없어졌지만, 운동이 부족해서 그런 거라고 생각했다.

　10월 22일 토요일. 고향을 떠나온 지 7일째 되던 날 기차는 경계를 넘어 시베리아로 들어갔다. 이곳에서 기차를 갈아탔고, 잠시 후 온통 눈으로 덮인 세상이 나타났다. 세상에 그처럼 많은 눈이 쌓여 있는 장면은 처음이었다. 태양은 눈부시게 빛났고, 나는 기다란 나무들의 울창한 숲, 겹겹이 둘러싼 거대한 산, 넓고 탁트인 대초원으로 이루어진 이곳의 아름다움에 넋을 잃었다. 그럼에도 내 입에서는 "불쌍한 러시아"라는 말 밖에 나오지 않았다. 밤에는 너무 추웠기 때문이다. 조그만 온기조차 유지하기가 어려웠다.

　24일 월요일이 되자 영어를 약간 할 줄 아는 남자 하나가 객실로 들어왔다. 우리는 어렵게 대화를 이어갔다. 그래도 이 낯선 곳에서 누군가 말할 상대가 있어서 좋았다. 우리는 서로에게 많은 질문을 했으며, 그 남자를 통해 차장과도 이야기를 나눌 수 있었다. 그러다 내가 탄 기차가 경유지인 하얼빈으로 가고 있지 않다는 것과 그 때문에 어쩌면 국경에서 발이 묶이고 말 거라는 얘기를 들었다. 그날 밤, 몹시 불안해졌다. 이 낯선 땅에서 발이 묶인 채 날 도와줄 사람이 아무도 없게 된다면 어떻게 해야 좋을까? 그 다음에 이런 생각이 들었다.

"내가 하나님을 실망시키고 있구나. 주님은 내게서 멀리 떨어져 계신 분이 아닌데. 지금 바로 내 곁에 계시는데. 하나님이 항상 나를 도우신다면, 내가 이 여행에 대해 염려할 필요가 뭐 있나?' 설령 집으로 되돌아갈 방법이 마련된다 하더라도 나는 그렇게 하지 않을 것이다. 왜냐하면 하나님께서 놀라운 방법으로 자신을 드러내어 나를 도우실 것이라고 믿었기 때문이다.

이때쯤 기차 안은 국경으로 향하는 군인들로 발 디딜 틈이 없었다. 그럼에도 나는 대체적으로 좋은 대우를 받았다. 영국을 떠나기 전에 러시아와 일본이 전쟁중이며 만주에 가면 철도 사정이 나빠져 어떻게 될지 모른다는 것은 이미 알고 있었다. 군인들은 나의 염려가 옳았음을 입증했다. 그들은 나에게 하얼빈으로 못 간다고 말했다. 그 하얼빈에서 만주행 열차로 갈아타야 하는데, 일본군이 기차를 나포한 사건이 벌어진 후로 노선이 폐쇄되었다는 것이다.

한참 뒤에 러시아인 역무원이 내가 있던 객실로 들어왔다. 그가 뭐라고 얘기했지만, 나는 알아듣지 못했다. 그러자 답답했는지 그는 손짓 발짓 다 섞어 소리를 높여 말하기 시작했다. 하지만 그것도 소용 없었다. 결국 그는 어깨를 으쓱해 보이고는 객실을 나갔다.

낮 동안 쉬지 않고 달리던 기차는 밤이 되자 멈춰 섰고, 군인들은 전부 내렸다. 나는 사정이 어떻게 돌아가는지 전혀 모르는 채 구석에 조용히 앉아 있었다. 한 시간쯤 흘렀을까. 객실을 나와 통로를 걷다가 내가 타고 있던 기차가 철로에 덩그러니 버려진 것을 알게 되었다. 불은 모두 꺼져 있고 기차는 암흑 그 자체였다.

그때 갑작스런 포성이 울렸다. 나는 깜짝 놀랐다. 그러면서 지금 내가 전선에 와 있으며 기차는 더 이상 달릴 수 없다는 것을 깨달았다. 나는 여행 가방에 소지품을 급히 쓸어 담고 모포에도 이것저것을 챙겨 넣은 다음 조그만 난로, 찻주전자, 그리고 손가방을 들고 플랫폼으로 올라섰다. 찻주전자에는 아직 물이 들어 있어서 조심해서 걸어야 했다. 그게 내게 남은 마지막 음료였다.

밖은 지독히 추웠다. 바람은 눈가루를 날리며 세차게 윙윙거렸다. 나는 처량하고 춥고 배고픈 신세가 되어 짐 더미 위에 털썩 주저앉았다. 그곳은 인적이라곤 찾을 수 없는 만주 국경 근처 어디쯤이었다. 이러다 얼어 죽고 말 거라는 생각이 들었고, 처음으로 마음속에 회의가 찾아들었다.

"하나님, 어떻게 이런 일이 일어납니까?" 나는 부르짖었다.

그러자 다음과 같은 응답이 섬광처럼 번뜩였다.

'두려워 마라. 내가 만유의 주재인 걸 기억하렴.'

나는 하나님께 내가 어떻게 해야 할지 알려 주시고, 지금 이 곤경에서 구해 주시라고 기도했다. 그분은 그렇게 하셨다.

나는 더 이상 바깥에 이렇게 앉아 있을 수 없다고 판단하고, 아무도 없는 역사 주변을 두리번거렸다. 마침 조그만 오두막 하나가 눈에 들어왔다. 놀랍게도 그곳에는 경비원, 기관사, 화부, 짐꾼 등 네 명의 남자들이 있었다.

그들은 나를 알아보았다. 기차가 러시아 치타(Chita)에 잠시 머물렀을 때 나더러 내리라고 했던 사람들이었기 때문이다. 손짓발짓을 이용한 대화가 다시 시작됐다. 그들은 선로를 가리키며 대포가 쾅 터지는 소리를 낸 다음 다시 기차를 가리키며 고개를 가로저었다. 기차가 움직이지 않을 것이라는 뜻이었다. 부서진 것들을 복구하려면 시간이 걸리겠지만, 언제 정상화될지는 아무도 모른다고 했다. 그런 다음 그들은 선로 아래를 가리키며 내가 걸어서 돌아가야 한다고 알려주었다. 그들은 짐 꾸러미와 찻주전자를 들고 있는 내 모습을 흉내내며 웃었고, 나도 따라 웃었다. 실제로는 웃을 수 있는 상황이 아니긴 했지만.

마지막으로 그들은 내게 진한 커피 한 잔을 내주었으며, 나는 그것을 고맙게 받아 마셨다. 그들과 작별 인사를 나눈 후 잡동사니로 가득찬 모포를 어깨 위에 묶고, 다른 짐꾸러미와 귀중한 찻주전자를 양손에 쥐고서 치타를 향해 뻗은 선로를 따라 걷기 시작했다. 기차가 달려왔던 길을 걸어서 되돌아가는 것이었다. 눈이 너무 깊이 쌓여 있어 걷는 것조차 힘들었다. 선로 양쪽에는 거대한 소나무 숲이 있어 가지마다 쌓인 눈 무게 때문에 부러질 듯 이상한 소리를 내고 있었다.

한밤중이 되자 기진맥진한 나는 선로를 벗어나 자리를 잡았고,

눅눅해진 과자와 급하게 끓인 커피로 허기를 달랜 다음 낡은 털 코트로 온몸을 감싸고 짐꾸러미 위에 누웠다.

그리 멀지 않은 곳에서 개들이 으르렁거리며 요란스럽게 짖어댔다. 나는 그 소리를 들으며 이 밤중에 왜 사람들이 개들을 밖에 풀어 놓았을까 궁금히 여겼다. 숲속을 헤매는 굶주린 늑대들이 내는 소리라는 생각은 전혀 못했다. 나의 무지함이 아이러니하게도 그 시공간에서는 축복이 되었던 셈이다.

날이 너무 추워 한 자리에 더 있다가는 얼어 죽을 것 같았다. 날이 새려면 아직 멀었지만, 자리를 털고 일어날 수밖에 없었다. 나는 다시 짐꾸러미를 들고 선로를 따라 걸었다. 힘이 풀려 잠시 멈춘 것을 빼고는 그날 하루 종일 걷기만 했다. 마침내 늦은 밤이 되어서야 선로 저편 아래에서 깜박거리는 치타의 불빛이 보였다. 나는 마지막 힘을 내 치타 역으로 들어섰고, 짐꾸러미를 플랫폼 위에 간신히 올려놓은 후 쓰러졌다.

사람들이 여기저기서 몰려들었다. 이상한 몰골의 내 모습을 보려고 말이다. 더럽고 지저분하고 게다가 몹시 지쳐 있어서 미친 사람처럼 보였을 것이다. 잠시 동안 쉬었을 뿐인데, 땀이 식으면서 온몸이 뼛속까지 떨리기 시작했다. 지독한 추위 속에 덩그러니 퍼져 있는 내 모습을 보면서도 사람들은 도움의 손길을 내밀지 않았다. 그 자리에서 내가 할 수 있는 거라곤, 소란을 일으켜 경찰이 나를 잡아가도록 하는 것 밖에 없으며, 그게 추위에서 벗어나는 유일한 방법이라고 결심하는 순간 군인 하나가 다가와서는 여기서 짐을 챙겨 나가라는 신호를 보냈다. 하지만 나는 꼼짝 않고 그대로 있었다. 솔직히 움직일 힘이 없었다. 그러자 군인 셋이 더 왔고 마침내 붉은 모자를 쓴 관리인인 듯한 사람이 나타났다. 그들은 내가 짐 없이는 움직이지 않을 줄 알았던지 그것을 주워 들고 억지로 걷게 했다. 잠시 후 도착한 곳에서 나는 기절할 뻔했다. 차가운 바람을 피할 수 있는 실내라는 점을 빼면, 너무 더럽고 냄새가 났기 때문이다. 거기다 이미 많은 사람들이 자리를 차지하고 있어서 제대로 누울 수 있을지조차 고민스러웠다.

내가 그들에게 여권을 보여주며 "영국인!"이라고 외치자, 그들은 즉시 바리케이드로 구역을 나누고 나와 다른 사람들을 격리시켰다. 내 주위에 있는 사람들 역시 남녀 가릴 것 없이 심하게 더럽고 악취가 났다. 어쩌면 병에라도 걸린 듯한 그들의 비참한 현실에 나는 두려움과 낙심이 한꺼번에 몰려왔다.

이제는 끝이라는 생각이 들었고 아무것도 먹을 엄두가 나지 않았다. 게다가 이미 군인들로부터 몸수색을 당해 가방 속에 있던 값나가는 것들은 죄다 빼앗겼다. 포켓용 성경 하나가 눈에 띄었다. 나는 그것을 꺼내 들고 희미한 불빛 아래서 읽으려 했지만 불이 너무 흐렸다. 바로 그때 성경 속에서 종이 한 장이 떨어졌다. 그것은 매일 한 장씩 뜯어 쓰는 달력 종이였는데, 거기에 성경 말씀이 인쇄되어 있었다. 크고 굵은 글씨로 이렇게 적혀 있었다.

"두려워하지 말라 내가 너와 함께 함이라 놀라지 말라 나는 네 하나님이 됨이라"(사 41:10).

그 종이가 어떻게 거기에 있었는지는 나도 모르겠다. 나는 그것을 지금도 가지고 있다. 그 말씀은 절박한 처지에 있던 나에게 하나님이 주신 특별한 메시지였고, 신실한 약속이었다. 하나님이 허락하시지 않는 한 그 사람들은 나를 해칠 수 없었다.

나는 몇 시간 동안 의식이 몽롱한 상태에 있었다. 그러다가 한 남자가 나를 붙들고 밖으로 나가 복도를 걷게 했다. 우리는 술을 마시고 있던 러시아 군인 앞을 지나갔는데, 그 군인이 내 손에 찻잔을 쥐어주었고, 나는 잔에 담긴 차가운 물을 들이마셨다. 그러자 마침내 제정신이 들었고, 배고픔 때문에 잠시 기절해 있었다는 것을 알게 되었다.

나는 러시아 관리 앞으로 끌려가 조사를 받았다. 영어를 한다는 한 남자가 안으로 들어왔지만, 그 사람 말을 이해하기가 어려웠다. 그날은 아무 일도 내게 일어나지 않았고, 감시인이 붙은 상태로 내가 할 수 있었던 것은 누워 잠자는 것뿐이었다.

그 다음 날에는 하루 종일 심문을 받았다. 내 여권에는 치타를 떠났다는 도장이 찍혀있는데, 왜 다시 돌아왔느냐는 것이었다. 물론 나는 이유를 제대로 설명하지 못했다. 이유를 안다고 해도 그들에게 이해시킨 방법이 없었다. 그들은 내가 전문직 기술자라고 생각했던 모양이다. 그래서인지 그들은 나와 같은 사람들이 필요하다면서 러시아에 남아 살라고 설득하기 시작했다.

나는 더럭 겁이 나서 필사적으로 도움을 구하는 기도를 드렸다. 그러다 그들은 내가 지니고 있던 소지품 속에서 군악대 복장을 한 오빠의 사진을 발견했는데, 그게 그들에게 좋은 인상을 남긴 듯했다. 우습지만, 분명 그 사진과 나를 연관지어 내가 중요 인물이라고 확신하는 듯했다.

결국 나는 성경을 꺼내 들고는 그 안에 실린, 성경을 설명해 주는 작은 그림들을 보여주었다. 그들은 그것을 보고 이해했는지, 잠시 후 새로운 비자와 다른 곳으로 갈 수 있는 기차표를 마련해 주었다.

그들은 금요일에 나를 데리고 시내 이곳저곳을 구경시켜주었다. 아마도 치타가 얼마나 좋은 곳인지 보여주면서 내 마음을 돌려놓을 의도였던 것 같다. 그러고 나서 나는 짐을 되돌려 받고, 어떻게 가야 할지에 대한 지침을 들었다. 니콜쉬수르(Nikolshissur)역에서 기차를 갈아타고 포그라닐크나이(Pogranilchnai)로 간 다음 거기서 하얼빈으로 가라는 내용이었다. 그들이 내게 해줄 수 있는 최고의 배려였고, 나를 도우려 애쓰는 그들의 모습이 고마웠다.

포그라닐크나이에는 나를 다른 곳으로 데려다 줄 기차가 없었다. 일본군들이 가까이 포위하고 있어서 빠져 나갈 길은 전혀 없었다. 나는 또다시 춥고 가련하고 겁 먹은 신세가 되어 역에 주저앉았다. 그때 결코 잊지 못할 광경을 목격하고 말았다.

남자들, 여자들, 심지어 나이 어린 소녀들까지 합쳐 약 50명 정도

되는 사람들이 손과 발이 사슬에 묶인 채 끌려가고 있었다. 그들 중 많은 사람들이 울고 있었고, 소녀들은 공포에 질려 어쩔줄을 모르고 있었다. 그때부터 내가 공산주의를 혐오하게 되었던 것 같다.

나는 얼어죽지 않기 위해 몸부림치며 그날 밤을 역에서 보냈다. 아침이 되자 기차 하나가 다른 길로 와서 다시 치타로 되돌아갔는데, 그 기차에서 러시아 사람처럼 생기지 않은 남자가 창밖으로 고개를 내밀었기에 나는 필사적으로 소리쳤다.

"하얼빈으로 가는 길 좀 알려주시겠어요?"

놀랍게도 그는 영어로 대답했다.

"갈 수 없어요. 길이 다 봉쇄되었거든요. 블라디보스톡으로 가세요."

3. 사냥꾼의 올무에서 새같이

다음 열차는 승객이 너무 많아서 비집고 들어갈 틈조차 없었다. 나는 포기하고 다음 열차를 기다렸다. 그 다음 열차가 도착했을 때는 가까스로 올라탈 수 있었다. 나는 그 열차가 블라디보스톡에 무사히 도착하기만을 희망하면서 구석 자리에 몸을 파묻었다. 열차는 마침내 블라디보스톡에 도착했다. 하지만 그 다음이 문제였다. 내가 어떻게 해야 할지, 어디로 가야 할지 알 수가 없었다. 나는 기도했다. 그러자 예전에 보았던 광고 문구가 떠올랐다. "국영 여행사와 함께 러시아를 경험하세요."

나는 일어서서 지나가는 사람들을 붙잡고 '국영 여행사'라고 소리쳤다. 대부분 나를 미친 사람 보듯 그냥 지나쳤다. 그러다가 통역관을 자처하는 한 남자가 나타나서, 나를 어떤 사무실로 안내해 갔다가 다시 호텔로 데려갔다.

그 통역관이라는 남자는 도장을 찍어야 한다고 말하며, 내 여권을 가져갔다. 그는 그때까지는 상냥하고 친절했다. 나는 뜨거운 물로 목욕을 하고 냄새나는 옷을 갈아입은 후 침대에 누웠다. 얼마나 잤을까. 통역관이 나타나 시내 구경을 시켜주겠다고 했다. 하지만 문밖을 나서자마자 질겁을 했다. 도시는 너무 지저분했다. 사람들은 길게 줄을 서서 검은 빵을 기다리고 있었고, 도로는 포장이 안 된 채 여기저기 구덩이가 패여 있었다.

거리에 가득찬 사람들은 조그만 눈과 검은 피부를 가진 일본 사람들과 매우 흡사했다. 여자들은 깜짝 놀랄 정도로 야위었고, 행색이 초라했으며, 대개는 등에 아기를 업은 채로 어깨에는 무거운 짐꾸러미를 메고 있었다.

아무 일 없이 며칠이 지나면서 나는 조금씩 걱정이 되기 시작했다. 통역관에게 떠나겠다며 여권을 돌려달라고 했지만, 그는 꿈쩍도 안 했다.

"왜 여기를 떠나려 하시오?" 그가 물었다. "당신한테는 열차표를 살 돈이 없잖소. 그러니 중국으로는 갈 수가 없소. 여기서 지내며 우리를 돕는 게 어떻겠소?"

"당신이 왜 나를 이곳에 붙잡아 두려는지 모르겠어요." 내가 물었다.

"우리나라는 당신 같은 사람이 필요해요. 이제 이곳은 새로운 나라요. 자본주의의 속박이 없는 자유의 땅이란 말이오."

나는 재빨리 대답했다.

"며칠 동안 이 도시를 다니면서 나도 볼 만큼 봤어요. 사방에 가득한 오물들, 걷기조차 힘든 도로, 굶주려 영양실조에 걸린 여자들, 끔찍한 가난…"

"하지만 우리는 그 모든 것들을 변화시킬 예정이오. 따라서 당신과 같은 사람들, 기계를 다룰 줄 알고 공장에서 일할 수 있으며, 사람들을 가르칠 수 있는 남자와 여자들이 필요해요."

"나는 선교사예요. 그리고 지금은 중국으로 가야만 해요. 기계에 대해서는 아무것도 몰라요."

"중국 같은 건 이제 없소. 당신은 이 러시아에 있어야 하오. 우리가 당신을 돌봐주겠소."

이 말을 듣고 나는 너무 놀랐다. 하지만 어쩔 도리가 없었다. 여권이 없이는 움직이는 일이 불가능했기 때문이다. 완전히 처량한 신세가 된 나는 어떻게 해야 할지 당황스러웠고, 잠시 혼자서 머리를 식혀야겠다고 생각했다.

나는 해변으로 가기 위해 호텔을 빠져나왔다. 뒤이어 한 소녀가 다급하게 쫓아와 속삭였다.

"마침내 그 남자한테서 벗어났군요. 당신에게 할 얘기가 있어요. 나를 따라오세요."

우리는 동행이 아닌 척 서로 떨어져 해변으로 걸어갔다. 근처에 아무도 없는 것을 알게 되었을 때 내가 먼저 물었다.

"누구세요? 저한테 뭘 원하세요?

"지금 그게 문제가 아니에요."

그녀는 조용하지만 단호한 목소리로 말했다.

"이곳을 떠나고 싶은 거 아닌가요? 만약 지금 떠나지 않으면 절대 이곳에서 벗어날 수 없어요."

"그렇지만 지금 할 수 있는 게 없는걸요."

"내가 하라는 대로만 하세요. 여기 당국자들은 당신을 보낼 의사가 전혀 없어요. 소지품을 챙기고 준비하고 있으세요. 그리고 어떤 노인이 문을 두드리면 그분을 따라가세요. 아무 것도 묻지 말고 그저 따라가기만 하세요."

소녀와 헤어지고 방으로 돌아왔다. '어떻게 해야 하지? 이게 함정이 아니란 걸 어떻게 알 수 있지? 도대체 누굴 믿어야 하지?' 나는 가슴이 죄여오는 것을 느끼며 침대 맡에 앉아 시계만을 바라보았다. 그때 문을 두드리는 소리가 났다.

문을 열었더니 내 여권을 가져간 남자가 서 있었다. 그는 내 여권을 손에 쥐고 있었지만, 건네줄 것 같지 않았다. 미처 생각할 겨를도 없이, 나는 순식간에 그 여권을 잡아채서는 방 안쪽으로 집어 던지며 단호하게 말했다.

"들어오지 마세요."

"뭐라고?"

"여기는 내 침실이에요."

"착각하는군. 나는 내가 원하는 대로 할 수 있단 걸 몰라?"

"천만에요. 당신은 그렇게 못해요. 당신은 안 믿을지 모르겠지만 내가 아는 하나님이 지금 여기 계세요. 그러니 어디 한 번 해보세요. 날 건드릴 수나 있는지. 당신과 나 사이에 하나님이 장벽을 치셨으니까요. 어서요!"

남자는 나를 노려보면서 몸을 부들부들 떨었다. 그리곤 아무 말 없이 돌아섰다. 나도 몸을 사시나무 떨듯 떨며 침대 위에 주저앉았다. 다리에 힘이 풀렸다. 이제 도망가야 한다는 생각이 들었다. 마음을 가라앉힌 후 구석에 떨어져 있던 여권을 집어들었다. 그리고 소스라치게 놀라고 말았다. 내 여권이 다음과 같이 바뀌어 있었다.

'글래디스 에일워드. 영국인. 직업-기술자.'

그들이 '선교사'라는 단어를 '기술자'로 바꿔놓았던 것이다. 이제 나는 소녀의 말대로 해야 한다는 것을 알았다. 그녀는 나를 붙잡아 두고 싶어하는 사람들을 잘 알고 있었다. 나는 눈에 띄는 소지품을 허겁지겁 가방에 쓸어담았다. 그리고 무릎을 꿇었다.

다음 날 새벽에 문을 두드리는 소리가 났다. 문밖에 노인이 서 있었다. 그는 아무 말 없이 내 가방을 건네받고는 앞장서 걸었다. 나는 다른 짐꾸러미를 들고 뒤따랐다. 몇 마일이나 되는 거리를 계속 걸있나. 좁은 길을 올라갔다 내려갔다 하고 울퉁불퉁한 자갈이 깔린 길에서 넘어지기도 하면서 힘겹게 걸어 마침내 배가 있는 작은 부두에 도착했다. 거기서 동이 틀 때까지 작고 냄새나는 오두막에 들어가 몸을 숨겼다. 동쪽 하늘이 어스름 밝아오면서 노인은 자리를 떴다. 나 혼자 남았다. 이제 무슨 일이 벌어질까 염려하던 내 앞에 전날 만났던 소녀가 나타났다.

"뭐 값나갈 만한 거 가지고 있어요?" 그녀가 물었다.

"없어요. 돈이 될 만한 건 다 빼앗겼거든요."

"그럼 돈은 있나요?"

"아니오."

"어쩔 수 없네요. 지금 저기 집에 들어가서 저 배의 선장에게 호의를 기대하는 수밖에요. 선장에게 당신을 데려가 달라고 간청하세요. 어떻게 해서라도 저 배를 타야 해요."

"왜 나를 도와주는 거죠?"

"당신한테 도움이 필요하잖아요."

"나는 아무것도 줄 게 없어요. 한푼도 없는걸요."

"여벌 옷이라도 있으세요?"

"지금 입고 있는 이 옷 밖에 없어요. 하지만 이 장갑을 드릴게요. 낡긴 했지만 따뜻해요. 그리고 이 페맨 스타킹도 가져가세요."

그녀는 그것들을 가지고 사라졌다. 나는 나무 오두막으로 올라가 문을 천천히 밀었다. 그곳에 일본인 선장이 혼자 앉아 있었다.

"당신이 저 배의 선장이세요?" 나는 그가 영어를 이해하리라곤 전혀 기대하지 않았다. "나는 저 배에 타야 해요! 나는 저 배에 타야 해요!"

"천천히 말하십시오. 안녕하세요? 무엇을 도와 드리면 될까요?"

"나를 일본으로 데려다 주세요. 하지만 돈은 없어요."

"돈이 없다고요? 귀중품은 가지고 있습니까?"

"전혀 없어요."

"혹시 영국인이세요?"

"그래요. 여기에 여권이 있어요. 제발 나를 데리고 가주세요."

그는 천천히 내 여권을 훑어본 후 고개를 끄덕였다.

"당신은 지금 곤경에 처해 있군요. 내가 당신을 보호해 줄 테니 내 말대로 하겠소?"

나는 일본인과 함께 있는 것이 러시아 사람들과 함께 있는 것보다 훨씬 나을 거라고 생각했다. 그래서 기꺼이 그러겠다고 했다.

"여기 서류에 서명하면 됩니다. 일종의 포로 서약서 같은 거요. 그러면 당신은 안전을 보장받을 거고 우리는 즉시 이곳에서 떠날 겁니다."

나는 황급히 서명을 마치고 선장을 따라갔다. 하지만 짐을 뱃전에 던져놓고 막 배에 오르려는 순간, 러시아 군인들이 나타나 나를 잡아끌었다. 배에 타고 있던 선원들은 그런 광경을 보면서도 어쩌지 못했다. 말썽을 일으키고 싶지 않았기 때문이다.

나는 필사적인 심정으로 그들에게서 벗어나려고 했다. 그리고 무슨 영감이라도 얻은 듯, 네덜란드 국회의원이 헤이그에서 내게 건넨 영국 지폐를 꺼내들었다.

"이 돈 대신 나를 놓아줘요!"

그 지폐를 보고 군인들의 손아귀에서 힘이 풀렸다. 그 순간 나는 외투를 그대로 벗어놓은 채 막 움직이기 시작하는 배 위로 뛰어올랐다. 이제는 러시아 군인들도 더 이상 어쩌지 못했다. 마침내 자유의 몸이 된 것이다.

러시아에서 힘든 일을 겪고 나서 이를 회복하는 데는 다소 시간이 걸렸다. 안정을 찾고 주변 상황에 시선을 돌렸을 때 한 여자가 눈에 띄었다. 그녀는 배 한쪽 구석에 몸을 웅크리고 있었다. 가까이 다가가서 보니 병에 걸린 듯 쇠약하고 몹시 야위어 있었다.

"많이 아프세요?"

"예, 몹시요." 그녀가 영어로 대답했다.

"배 멀미 때문인가요?"

"아니에요. 그런 건 없어요. 이것 때문이에요."

그녀는 헝겊으로 칭칭 감은 손을 내밀었다. 찢어진 손을 감싼 헝겊 위로 아직 피가 배어 나오고 있었다.

"그들이 손가락에서 반지를 강제로 빼갔어요."

"그들이라고요?"

"러시아 사람들 말이에요. 그들은 우리가 가진 모든 걸 가져갔어요. 남편은 차(茶)를 재배하는 사람이에요. 우리는 휴가를 얻어 고향에 갔다가 상하이로 돌아가던 참이었지요. 하지만 짐과 돈을 모조리 빼앗겼어요. 목숨이 붙어 있는 것도 다행이에요."

독일 사람인 듯한 그녀와 그렇게 짧은 대화를 나누고서 우리는 헤어졌고, 그 후로는 다시 만나지 못했다. 아마도 배의 서로 다른 구역에서 머물렀기 때문이리라.

마침내 배가 일본에 도착했다. 나는 가장 먼저 배에서 내렸다. 러시아에서 서류에 서명한 때부터, 일종의 포로 신분으로 있었기에 바로 영국 영사관으로 인계됐다. 내 신병을 인수하러 온 젊은 남자는 날더러 자기가 만나본 제일 어리석은 멍청이라고 했고, 그런 식으로 여행을 하는 건 미치지 않고서는 불가능하다고 쏘아붙였다.

하지만 그는 나에게 좋은 음식을 사주었고 고베까지 가는 교통편까지 마련해 주었다. 고베에 도착해서는 릭샤(rickshaw)라는 인력거를 이용해 선교회 사무실로 갔다. 그때껏 내가 타본 가장 신기한 운송 수단이었다. 선교회에 도착했을 때 사람들은 내게 허리를 굽혀 인사를 했고 신발까지 벗겨주었다. 나는 당황했다. 스타킹에 구멍이 나 있었기 때문이다.

샌티(Santee)라 불리는 아가씨가 나를 그녀의 집으로 데리고 갔다. 문명 세계로 다시 돌아온 기분이 들었다. 큰 나무통에 채워진 뜨거운 물에 들어가 목욕을 한 후 예쁘게 치장된 작은 방으로 안내받았다. 푸른색과 붉은색이 강렬하게 대비되는 갓등으로 불을 밝힌 방에는 진한 청색의 천으로 싸인 침대가 놓여 있었다.

다음 날, 그러니까 11월 5일 토요일에 텐진으로 향하는 표를 구해 고베를 출발했다. 선교회 사람들이 나를 증기선까지 배웅해 주었고, 선장에게도 미리 언질을 해놓아서 제법 좋은 대우를 받았다. 배에서 주는 음식은 낯설고 입에 맞지가 않았다. 사람들마다 작은 항아리들을 많이 가지고 있었는데 그 안에는 스프, 각종 고기, 샐러드와 야채, 밥과 차 등이 들어 있었다. 다른 승객들은 그런 것들을 골고루 잘 먹는 것 같았는데, 나는 밥을 먹기가 가장 힘들었다.

배 위에는 앉는 의자가 따로 없었고, 우리는 관습에 따라 신을 벗은 후 갑판에 깔아놓은 짚으로 된 돗자리에 가부좌를 하고 앉았다. 이런 자세로 앉아 있다 보면 금새 피곤해졌고 등까지 아팠다. 배를 타고 지나치는 풍경은 아름다웠다. 저 멀리 눈에 덮인 산봉우리가 우뚝 솟아 있었고, 가까운 곳에는 밝은 초록과 화려한 붉은빛으로 어우러진 나무들이 마치 불이 붙은 듯 춤추고 있었다. 집집마다 문과 지붕에 울긋불긋한 깃발들이 장식처럼 달려 있어서 기묘한 인상을 주었다. 나는 점점 내 자신이 매우 초라하고 볼품없게 느껴지기 시작했다. 특히 기모노를 입고 있는 깨끗한 일본 여인들 사이에 있을 때 더 그랬다.

11월 8일 저녁 때쯤 선장이 나를 불러 곧 중국에 다다른다고 알려주었다. 황톳빛 바다 저 너머에 있는 중국을 마침내 보고야 말았다. 이틀 후 나는 실제로 중국 텐진의 땅을 밟았고, 즉시 선교 본부를 찾아 나섰다. 그 날은 혹독하게 추운 날이었지만, 나는 따뜻한 환대를 받았고, 우리 모두는 하나님께 감사를 드렸다. 나는 〈내 영혼아 찬양하라〉는 시편 103편의 찬송을 온 마음으로 불렀다.

로슨 부인을 텐진에서 만나게 될 것으로 기대했었지만, 그녀는 텐진에서도 멀리 떨어진 산지에 머물고 있었다. 다행히 대신 루(Lu)라는 남자를 보내 나와 함께 그녀가 있는 곳으로 갈 수 있게 해주었다. 토요일에 나는 루와 함께 기차를 타고 북경으로 향했다. 기차는 아주 불편했다. 객실마다 40-50명의 승객들이 들어차 몸을 움직이는 것조차 어려웠고 기차가 크게 흔들릴 때마다 모두들 이리저리 요동을 쳤다. 북경에 도착해서 중국인이 운영하는 여관에서 하룻밤을 머무는데, 지저분한 데다 불편함은 이루 말할 수 없었다.

다음 날 우리는 다시 기차를 타고 산시(Shansi, 산서성)의 경계인 유체(Yutse)라는 곳까지 간 다음, 거기서부터는 버스로 여행을 시작했다. 버스는 좌우로 크게 기우뚱거렸다. 나는 그런 도로에서 어떻게 버스가 달릴 수 있는지 믿기지가 않았다. 버스는 산을 올라갔다가 다시 내려왔고 시내와 강을 통과하기도 했다. 운전사는 그 모든 게 당연한 듯했다. 버스는 첫날 밤에는 친초우(Tsinchow)에서 멈췄고, 그다음 날 밤에는 선교회 지부가 있는 테쇼우(Teschow)에서 멈췄다. 루는 여기서 다시 이틀을 더 가야 로슨 부인이 나를 기다리고 있는 양청(Yangcheng)이란 곳에 다다른다고 했다. 그것도 노새를 타고 가야 가능한 시간이었다.

우리는 산을 세 개나 넘고 강은 얼마나 건넜는지 기억이 없다. 노

양청 도착 직후의 글래디스 에일워드

새를 타고 가는 여행은 아마 죽을 때까지 잊지 못할 것이다. 온몸이 부서질 것 같았다. 뼈마디가 쑤시고 아팠다. 이러다 양청에 도착하지도 못하고 어떻게 되는 건 아닌지 염려가 됐다.

마침내 루가 커다란 마을 입구 앞에서 노새를 멈추고 "여기가 양청이에요"라고 말했다. 나는 노새 등에서 떨어지다시피 내려와 비틀거리며 걸음을 옮겼다. 너무 고통스러워 다리에 감각이 없었다.

로슨 부인은 대문 앞에 나와 있었다. 나는 허리를 굽혀 인사를 했다. 로슨 부인에게 머리를 조아리는 내 자신이 초라하고 하찮은 존재라는 느낌이 들었다. 나는 피곤에 절은 채 지저분한 몰골을 하고 오래 전부터 그토록 만나고 싶었던 사람 앞에 서 있었다. 중국에서만 수십 년의 사역을 해온 부인에게 선교 한답시고 찾아온 풋내기 아가씨가 어떤 모습으로 비쳐졌을까. 나는 로슨 부인이 나를 보자마자 반기며 맞을 줄 알았다. 하지만 그녀는 스코틀랜드 사람이었다. 자기 감정을 쉽게 드러내지 않는다는 의미이기도 했다. 그러니 과도한 감정 표현으로 인사를 건넬 사람이 아니었던 것이다.

나의 인사를 받고서 그녀가 "누구신가요?" 하고 물었다.

"런던에서 부인께 편지를 드린 글래디스 에일워드입니다."

"아! 그래요. 안으로 들어오시겠어요?"

나는 터져 나오는 웃음을 가까스로 참으며 헛기침을 했다. 자기와 합류하기 위해 수천 마일을 달려온 나에게 한다는 말이 고작 "안으로 들어오시겠어요"라니. 그건 마치 빌려간 물건을 돌려주러 찾아간 나를 대하는 옆집 아주머니에게서 나올 법한 말투였다.

집안에 들어가자마자 재빨리 사방을 둘러보았다. 앞으로 내가 지내게 될 곳이었다. 시선을 끌 만한 것은 없었다. 대문을 들어서자 큰 뜰이 나타났고, 사방으로 문이 나 있었으며, 온 집안은 벽에서 떨어진 돌 조각, 종이 조각, 기타 다른 쓰레기들로 지저분했다.

"시장할 텐데 요기할 게 있나 찾아볼게요."

로슨 부인은 그렇게 말하고 부엌으로 사라졌다. 잠시 후에 그녀는 이상한 것들이 이것저것 뒤섞인 사발 하나를 가지고 나왔다. 나는 그것을 조심스럽게 맛보았다. 끔찍한 맛이었다. 하지만 너무 배가 고팠던데다 그것 아니면 달리 먹을 것도 없어서, 가까스로 반 그릇을 비웠다.

우리는 잠시 대화를 나누었다. 로슨 부인은 그 집이 아주 낡고 오래 되었으며, 도시의 빈민가에 위치해 있다고 했다. 하지만 그 집이 한동안 비어 있었고 값도 저렴해서 그곳을 거처로 마련했다고 설명했다.

집세는 일 년에 30센트에 불과했다. 중국 사람들은 그곳에 귀신들이 자주 출몰한다고 두려워해서 아무도 그곳에 살려 하지 않는다고 했다. 로슨 부인은 자기가 그 귀신들을 다 쫓아냈다고 넌지시 말했다. 그곳에서 지내는 동안 어떤 귀신도 보지 못했다는 것이다. 가능하면 집을 손보고 정돈을 해서 살고 싶지만, 너무 일이 많아 시간이 허락하지 않는다고도 했다.

집에 도착하고 한참이 지났는데도 그녀는 나를 어느 곳으로도 안내하지 않았다. 나는 주눅이 든 얼굴로 피곤해서 그러니 잠을 잘 수 있겠느냐고 물었다.

"물론이에요. 원하는 대로 하세요."

"그런데 어디서 잠을 자죠?"

"아무 데나 원하는 곳에서 주무세요."

나는 방 하나를 택하여 지저분한 것들을 한 쪽으로 밀어놓고 침낭을 깐 후 방안을 둘러보았다. 커튼도 없었고, 유리창도 없었고, 출입문에는 문짝도 달려 있지 않았다. 나는 로슨 부인에게 다시 갔다.

"옷은 어디서 벗나요?"

"왜 옷을 벗으려 하세요?"

"자려면 옷을 벗어야 할 것 같은데요."

"그래요? 옷 벗는 일을 말리지는 않겠지만, 소지품을 도둑맞지 않도록 잘 챙겨놓고 자는 게 안전할 거예요. 보다시피 걸어 잠글 문이 없어요."

나는 옷을 입은 채 그대로 잠을 청했다. 가져온 물건들은 내 주위에 잘 쌓아놓았다. 앞으로 오랫동안 내 거처가 될 그곳에서 처음으로 잠이 들었다.

눈을 떴을 때는 이미 다음 날 아침이었다. 전날 로슨 부인의 충고대로 따른 것이 정말 다행이라는 생각이 들었다. 뻥 뚫린 창문 밖으로 조그맣고 노란 얼굴들이 가득했기 때문이다. 서양 여자 하나가 도착했다는 소식이 마을에 퍼졌음이 분명했다. 그들은 서양인이 연출하는 이상한 광경을 구경하기 위해 몰려들었다. 만약 내가 그처럼 많은 구경꾼들 앞에서 벗은 채로 옷을 입어야만 했다면 그것은 매우 난처한 일이 되었을 것이다.

4. 여관

깎아지른 민둥산 사이의 계곡 틈에 자리잡은 작은 마을 양청은 아름다웠다. 마을 전체가 성벽으로 둘러쳐져 있었으며, 도로는 비좁고 구불구불한데다 몇백 년은 되었음직한 사당들이 곳곳에 즐비했다. 그 마을은 호페(Hopeh, 허베이성)에서 호난(Honan, 허난성)으로 이어지는 아주 오래 된 노새 길 중간에 위치해 있었다. 중국의 그 지역에는 실제로 도로다운 도로가 없었고, 그저 진흙투성이의 울퉁불퉁한 노새 길들이 있을 뿐이었다. 매일 낮에는 긴 노새 행렬을 이끄는 상인들이 그곳을 지나갔고, 밤에는 그곳 여관에서 자고 갔다.

양청에는 나무가 거의 없고, 그래서 산들은 갈색의 민둥산이었다. 그런데도 그곳은 무척 아름다웠다. 겨울에는 몹시 추웠으며 눈이 깊이 쌓였다. 내가 양청에 도착한 건 11월말 무렵이었으니까, 리버풀 스트리트 역을 떠난 지 다섯 주가 지난 시점이었다. 길다면 길고 짧다면 짧은 그 시간 동안 내가 목격한 것들을 말하려면 그보다 더 긴 시간이 필요할 것이다. 깨달은 건 더 많다. 하지만 무엇보다 나는 하나님께 감사와 찬양을 드려야 마땅했다.

로슨 부인은 수중에 약간의 돈이 있었지만 나는 한푼도 없었다. 우리는 어떻게든 그 돈으로 살아가야 했다. 내가 도착한 지 얼마 되지 않았을 때, 로슨 부인은 자신이 그 지역에 터를 잡은 이유와 앞으로의 계획을 말해 주었다.

"글래디스, 나는 이 집을 여관으로 바꾸고 싶어요."

"어떻게요? 누가 여기에 올까요?"

"이곳을 지나가는 노새꾼들이요. 중국 여관들이 어떤지는 잘 알지요?"

나는 진심으로 동의했다. 양청까지 오는 도중에 묵었던 여관들을 나는 잊지 못할 것이다

"노새꾼들이 이곳에 와서 필요한 건 모두 똑같아요. 하룻밤 머물 잠자리죠. 그곳에는 기다랗고 딱딱한 침대 하나와 저녁 식사로 먹을 기장과 밀가루 요리만 있으면 돼요. 짐승들을 먹일 사료하고요. 일주일에 몇 펜스만 주면 중국인 요리사는 고용할 수 있어요. 사람들이 식사하고 뜰에 나와 있을 때 우리는 그 사람들 하고 대화를 나눌 수 있겠죠. 그게 시작이 될 거예요."

"하지만 그 사람들이 여기로 들어와야 하잖아요?"

"여관 주인들이 미소를 띤 채 여관 밖에 서 있는 걸 보았죠? 노새 행렬이 나타나면 여관 주인은 맨 앞줄에 선 노새 고삐를 붙잡아 자기 여관으로 끌고 들어갑니다. 그러면 다른 노새들은 저절로 따라오게 되죠. 일단 노새가 여관 뜰로 들어오면 여관 주인은 노새꾼들에게 자기 여관이 좋다고 말합니다. 일단 들어온 노새꾼들은 몹시 지쳐 있어서 아무것도 따지지 않기 마련이죠. 자매가 바로 그런 일을 하게 될 거예요."

"제가요? 노새를 잡아 안으로 데리고 들어오라고요?"

"그래요. 자매가 노새를 끌고 들어오면 내가 그들에게 이야기할게요."

"노새들이 물지 않을까요?"

그때부터 우리는 여관이 된 건물 내부를 청소하고 손님 맞을 준비에 돌입했다. 우리는 한 노인을 요리사로 고용했고, 나는 바들바들 떨면서 밖에 서 있었다. 첫 번째 노새가 나타났을 때 나는 요리사가 가르쳐준 대로 소리를 질렀다.

"메이요우 비총 메이요우 굳소 하오 하오 하오 라이 라이 라이." 이것은 "우리한테는 빈대가 없습니다. 우리한테는 벌레가 없습니다. 좋아요. 좋아요. 좋아요. 오세요. 오세요. 오세요"라는 뜻이다.

나는 마치 써커스 공연을 알리는 삐에로가 된 듯한 기분으로 소리쳤다. "두 번 다시 못 볼, 환상의 공연이 시작됩니다!"

로슨 부인과 함께 한 글래디스 에일워드

내가 처음 끌어들인 노새는 다행히도 늙고 온순했다. 하지만 노새 주인은 너무 놀라 달아났다가 한참 뒤에야 돌아왔다. 노새와 다른 일행이 아무 해를 입지 않은 것을 보고 안심한 모양이었다.

얼마 지나지 않아 우리 여관은 호페에서 호난까지 소문이 났다. 노새꾼들이 다니는 곳마다 발 빠른 신문기자처럼 우리 여관에 대해

떠벌여준 덕분이었다. 서양 여자들이 운영하는 여관은 깨끗하고 음식도 괜찮으며 밤에는 재밌는 이야기를 공짜로 들려준다고 했다.

로슨 부인이나 루는 밤마다 노새꾼들에게 성경 이야기를 들려주었다. 나는 옆에서 귀동냥을 하며 중국말을 배우려고 무진 애를 썼다. 하지만 한동안은 내가 할 수 있는 최선의 일은 노새를 돌보는 것이었다. 나는 노새꾼들이 맘 편히 앉아 이야기를 들을 수 있도록 노새들에게 먹이를 주고 몸에 묻은 지저분한 것들을 털어주었다.

여관에서 하는 이런 일 말고도, 우리는 여러 마을들을 다녔다. 주일에는 일찍감치 일어나 인근의 다른 마을로 갔다. 백인을 한 번도 본 적이 없는 사람들은 신기한 표정으로 떼지어 몰려왔다. 그러면 우리는 적당한 장소를 택하여 자리를 잡고 로슨 부인이 이야기를 시작했다. 사람들은 하던 일을 멈추고 가까이 와서 귀를 쫑긋 세우고 들었다. 잠시 후에 로슨 부인이 궁금한 게 있으면 무엇이든 물어보라고 했다. 사람들은 주로 이런 질문을 했다.

"당신들은 왜 여기에 왔습니까?"

"당신들은 어디서 왔나요?"

"몇 살이에요?"

"이 여자는 당신 딸입니까?"

그런 다음에 그들은 우리 옷을 만져보고, 치마를 들춰서 안에 무엇을 입고 있는지 살펴보기도 하고, 우리의 발을 가리키며 흥분한 듯 떠들어대기도 했다. 그 당시 중국 여자들은 모두 전족을 하고 있

었기 때문에 우리의 발은 항상 관심거리였다

　나는 첫 번째 겨울을 지나는 몇 개월 동안 중국어를 배우기 위해 씨름을 했다. 밤에는 노새에 묻은 흙을 털어내고 퀴퀴한 냄새를 풍기는 노새꾼들의 시중을 들었다. 영국에 있을 때 기대했던 것과 조금도 비슷하지 않은 생활이었으나, 어쨌든 나에게는 굉장한 '훈련 과정'이었다.

　로슨 부인은 때때로 건강이 매우 나빠지곤 했다. 그럴 때마다 저분이 돌아가시기라도 하면 나는 어떻게 하나 생각했다. 낯선 땅에서 서로 의지하며 살아야 하는 사람들 치고 우리 둘은 달라도 너무 달랐다.

　지니 로슨은 나이 많고, 엄격하고, 완고한 편이었음에 비해 나는 젊고, 열정적이고, 나름대로 굳은 의지가 있었다. 우리 사이에 공통점이라곤 딱 한 가지가 있었는데, 하나님이 우리를 그 곳으로 보내셔서 특별한 일을 하게 하셨다는 부르심에 대한 확신이었다.

　나는 로슨 부인처럼 성경 이야기를 머릿속에 외워두고 싶었다. 그 해가 끝나갈 무렵, 사람들이 내게 하는 말을 대충은 이해하게 되었고 부족하지만 내가 하고 싶은 말도 웬만큼은 할 수 있게 되었다. 말보다는 몸짓이 더 많기는 했지만. 그리고 매일 밤마다 노새꾼들에게 해줄 수 있는 이야기도 가짓수가 조금씩 늘어갔다.

　연말에 로슨 부인은 병이 들었는데 심각했다. 그녀의 신체가 더 이상 버티기 힘들었다. 가까운 곳에 의사가 없었으므로 나는 최선을 다해 그녀를 간호하는 수밖에 없었다. 임종이 가까웠을 무렵, 그녀가 내게 말했다.

"글래디스, 당신은 내 기도에 대한 하나님의 응답이에요. 주님이 당신을 이곳으로 불러주셨으니까요. 지금까지 내가 해왔던 일은 당신이 맡을 차례예요. 필요한 건 모두 주님이 공급하실 겁니다. 하나님이 복 주시고 지켜주실 거예요."

며칠 후 로슨 부인은 조용히 눈을 감았다. 이제 나 혼자 남았다. 어쩌면 그 지역에 살고 있는 유일한 서양인일지도 몰랐다. 그 동안 수도 없이 고민했던 일이 현실로 닥쳤다. '이제 어떻게 해야 하나. 나는 이 일을 감당할 수 있을까.' 믿는 수밖에 없었다. 하나님은 아무 계획 없이 나를 혼자 내버려두신 게 아니다. 적어도 내가 이 일을 감당할 수 있을 만큼 자랄 때까지 로슨 부인의 생명을 그분이 연장시키셨을 거라는 믿음을 붙잡았다.

나는 여관을 계속 꾸려갔고, 사람들을 모아 정기적으로 예배를 드렸다. 집집마다 다니며 내가 줄 수 있는 최대한의 의료적 지원을 했고, 루와 함께 여러 마을들로 나가 장터에서 복음을 전했다.

얼마 지나지 않아 나는 여관 수입이 변변치 않다는 걸 알았다. 여관을 운영해서는 루와 요리사의 월급 및 나의 생활비를 충당할 수 없었다. 우리에게 필요한 건 일년에 그저 몇 파운드에 불과했지만, 로슨 부인의 개인 후원금도 끊어지고 하룻밤 숙박비로 들어오는 돈은 너무 박했기 때문이다.

로슨 부인의 장례식 후에 회심한 중국인들과 함께. 가운데가 로슨 부인의 관이고, 앞에서 두 번째 줄의 관 왼쪽 여자가 글래디스 에일워드다. 맨 뒷줄에는 여관을 찾아온 노새꾼들이 서 있다.

    거기다 혼자서 생활하는 외로움이 만만치 않았다. 또 사람들 앞에서 처신하기란 어찌나 어려운지. 나는 아직 젊은 여자 신분이었고, 여관은 밤이 되면 거칠고 투박한 노새꾼들로 붐볐다. 그래도 중국말은 이전보다 확실하게 익혔다. 영어를 쓸 기회는 전혀 없고 오로지 중국말을 해야만 했으며, 밤마다 떠들썩하게 오가는 중국말을 들어주어야 했기 때문이다. 나는 간절히 기도했다. 길은 완전히 막힌 것처럼 보였다. 하나님께서 혹시 나를 양청에서 다른 곳으로 떠나라고 하시는 건 아닐까. 그런 생각까지 들었지만 그렇다고 달리 가야 할 곳이 떠오르는 것도 아니었다.

5. 전족 금지명령

어느 날 아침 요리사가 와서 말했다.

"관리한테 가서 인사를 해야 합니다."

"왜 그래야 하죠?"

"관리를 무시해서는 안 됩니다. 당신을 죽일 수도, 살릴 수도 있으니까요."

나는 죽고 싶지 않았다. 그래서 다시 물었다.

"그러면 어떻게 해야 하나요? 가서 뭐라고 하죠?"

요리사는 그 대목에서 말을 하지 못했다. 정작 자신도 관리에게 가본 적이 없었기 때문이다. 요리사는 밖에 나가서 사람들에게 물어보겠다고 했다. 노인은 한참이 지나서야 돌아왔다.

"여러 사람에게 물어보았는데, 그들이 하는 말이 당신은 외국인이라서 어떻게 해야 좋을지 모르겠다는 겁니다. 하지만 좋은 옷을 입어야 한다는 것은 공통적으로 말하더군요."

나는 내가 입고 있는 낡은 옷을 훑어보았다.

"그러면 안 되겠네요. 지금 이 옷이 제가 가지고 있는 유일한 옷이니까요."

문제는 일단락되었다. 그 지역에서 막강한 힘을 발휘하는 관리를 만나지 않는 쪽으로 말이다. 하지만 마음이 편치 않았다. 관리가 조금이라도 꼬투리를 잡는다면 내가 어찌할 방도는 사실상 없었기 때문이다.

요리사와 관리에 대해 얘기를 나눈 지 꼭 사흘 째 되던 날, 문 밖에서 소란이 일었다. 그 관리가 직접 나를 찾아온 것이다. 그는 화려한 옷을 입고 머리에 장식을 꽂은 채 뜰 안으로 들어서고 있었다. 정작 내가 몹시 놀란 건 그의 옆구리에 있는 구부러진 길고 큰 칼이었다. 관리를 따라 들어오는 세 명의 군인도 똑같은 칼을 차고 있었다. 겁이 났다.

"에일워드 양, 당신의 도움을 구하러 왔습니다."

"제 도움을요?" 나는 영문을 몰라 되물었다.

"그래요. 당신의 발 때문이죠."

"제 머리가 아니고요?"

"아닙니다. 당신의 그 큰 발 때문입니다."

나는 깜짝 놀라서 발을 내려다보았다.

"무슨 말씀인지 이해가 잘 안 되네요. 어르신."

"이번에 새로 수립된 정부로부터 공문서 한 장을 받았소. 근데 그게 나를 곤란스럽게 하고 있소. 정부가 법령을 정해 여자들의 전족 관습을 폐지하겠다는 거요."

"그건 다행스러운 일이네요. 전족 때문에 여자들이 고통을 겪고 있으니까요."

"정부는 나더러 책임지고 그 관습을 산시 성에서 근절하라는 겁니다."

"아! 그래요? 무슨 뜻인지 알겠어요."

"하지만 문제가 있어요. 법령은 정부가 만들지만 시행은 내가 해야 하는데, 내가 그럴 수 없다는 거요. 남자는 여자를 조사할 수 없는 게 우리 관습이니까요. 그 일은 여자가 해야만 합니다. 이 모든 지역에서 전족을 하지 않은 여자는 당신 밖에 없어요."

"하지만 어르신! 제가 무슨 일을 할 수 있겠습니까?"

"발을 검사하는 사람이 되어 주시오. 이 말은 곧 당신이 산시 성 전역을 다녀야 한다는 걸 의미해요. 정부에서 당신에게 노새 한 마리와 두 명의 호위 군인을 제공할 겁니다. 하지만 보수는 얼마 안 됩니다. 하루에 기장 한 되와 약간의 채소를 살 정도의 돈뿐입니다."

나는 귀를 의심했다. 이것은 과연 나를 향하신 하나님의 계획일까?

전족 관습에 의해 기형적으로 비틀어진 발

"어르신께서 원하시는 대로 하겠습니다. 하지만 어르신도 아시다시피, 저는 이곳 주민들에게 제가 믿는 하나님에 대해 말하기 위해 중국으로 왔습니다. 만약 제가 여자들의 발을 조사하게 된다면, 그때 전도도 할 수 있게 허락해 주십시오."

"알겠소. 그건 내가 묵인하도록 하지요. 사람이 무슨 신을 섬기느냐는 전적으로 자기 선택에 달렸다고 믿고 있소. 그러니 특정 종교에 대해 편견을 가질 이유가 없다는 거요. 게다가 이번 정부 법령에 비추어보아도 당신의 가르침은 나쁠 것이 없소. 기독교인이 되는 여자는 더 이상 전족을 하지 않을 테니 말이오."

"그렇게 말씀해 주시니 감사할 따름입니다."

관리는 작별 인사로 내게 허리를 여러 번 굽힌 후 자리를 떴다. 나는 방으로 들어가 무릎을 꿇고 하나님께 감사를 드렸다. 길은 분명했다. 내가 있어야 할 곳은 여기였다. 나를 향한 하나님의 뜻이 구체적인 모습으로 펼쳐지고 있었던 것이다.

양청이 내 사역의 중심지가 되었다. 루와 요리사는 서로 힘을 합쳐 여관 일을 꾸려갔다. 나는 관리가 맡긴 일 때문에 때로는 일주일 이상 집을 비워야 했기 때문이다. 두 명의 호위 군인들과 말린 음식을 실은 노새와 함께 아침부터 산악 지대를 두루 다녔다.

마을에 도착하면 군인들이 앞서 가서 모든 사람들을 공터에 소집했다. 그런 다음 그들은 관리의 지시 사항들을 외치면서 전족은 이제 불법임과 동시에 처벌을 받게 된다고 알렸다.

남자들은 시큰둥한 반응을 보였다. 어떤 이들은 불쾌한 표정을 지었다. 자기네 여자들은 작은 발을 가져야 한다고 생각하기 때문이었다. 그들에게 작은 발은 아름다움의 상징이었으며, 전족은 아주 오래 된 관습이었다. 군인들이 소리쳤다.

"만약 어떤 아이의 발이 전족으로 발견되면, 그 아이의 아버지가 감옥에 가게 될 것이다. 아이 웨 더(Ai-weh-deh, 艾偉德)는 정부의 명령을 수행하는 발 검사자이다. 이분이 여기 있는 모든 여자들의 발을 검사하실 것이다. 검사를 회피하는 자는 누구든지 처벌을 받게 될 것이다."

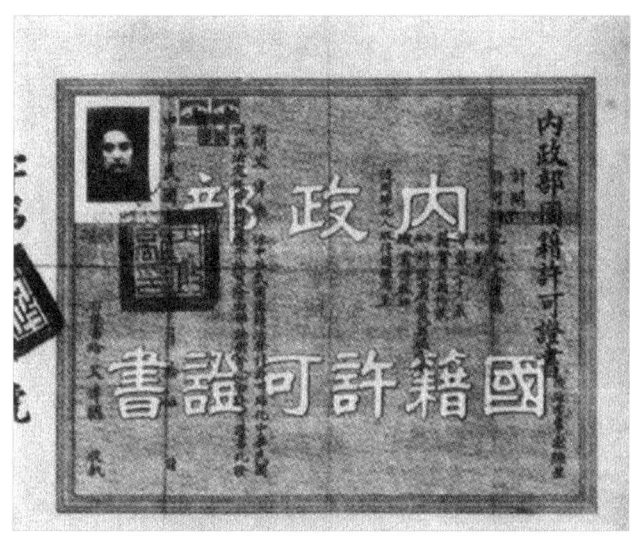

글래디스 에일워드에서 중국인 아이웨더로의 귀화를 증명하는 증서

아이 웨 더는 나에게 붙여진 중국식 이름이었으며, '현숙한 여인'이라는 뜻이었다. 군인들에 이어 나도 사람들에게 말했다. 그들에게 재밌는 이야기 한 가지 씩을 들려주곤 했는데 종종 전래동화를 들려주었다. 사람들은 대부분 나의 이야기를 들으며 웃었고 즐겁다는 반응이었다. 사람들에게 노래를 가르쳐 합창으로 부르기도 했다. 그런 다음 그들에게 발에 관해 이야기를 꺼냈다.

"여러분도 알다시피 아이들의 발은 남자나 여자나 다 똑같습니다. 만약 여자 아이들의 발이 더 작아야 했다면 하나님이 그렇게 만드셨을 겁니다. 그런 점에서 여자 아이들의 발도 자연스럽게 자랄 수 있도록 해야 합니다. 이번에 정부에서 여자 아이들의 발을 전족으로 만들면 벌을 받게 될 거라고 했습니다. 그러니 어른들은 자기 딸의 발을 전족으로 만들어서는 결코 안 됩니다. 어떤 경우든 아이의 발을 전족으로 만들면 군인들에게 끌려가게 됩니다."

이미 장성한 여자들을 돕기에는 너무 늦었지만, 어린 여자 아이들을 위해서는 무언가를 할 수 있었다. 나는 그녀들에게 발을 감싸고 있던 것을 풀고 자기 발에 맞는 신발을 신으라고 했다. 그녀들은 처음엔 고개를 저으며 자신들은 결혼을 못하게 될 거라고 했다. 그러면 군인들이 그들에게 이렇게 대꾸했다.

"얘들아, 너희 마음대로 해라. 감옥은 아주 편한 곳이니까."

때때로 마을 사람들은 저녁에 내가 묵고 있는 여관까지 찾아와 이야기를 더 들려 달라거나 노래를 가르쳐달라고 했다. 이렇게 하여 나는 꽤 오랜 기간 이 마을 저 마을을 두루 다니며 사람들에게 알려지고, 환대받고, 많은 친구들을 얻게 되었다.

나는 '이야기꾼'으로 불렸고, 사람들은 자주 듣게 되는 성경 이야기에도 싫증을 내지 않았다. 나는 이런 방법으로 복음 증거의 기회를 열어주신 하나님께 감사드렸다. 부르심에 대한 순종 하나만으로 아무 계획도 없이 중국에 온 나를, 하나님은 그분의 놀라운 섭리로 보호하시고 이끄셔서, 군인들의 호위를 받게 하시고 중국에서 가장 끔찍한 관습을 철폐하는 일에 나를 앞세우시며 더불어 보수를 받으면서 복음을 전할 수 있게 하셨다.

시간이 지날수록 하나님에게 나아오는 사람들이 하나둘 씩 생겼고, 마을마다 작은 모임이 시작됐다. 좀더 시간이 흘러 복음은 더 멀리까지 전해졌고, 전족의 관습 또한 사라졌으며, 아편에 중독된 사람들도 보이지 않게 되었고, 예수 그리스도의 구원을 증거하는 이들도 많아졌다.

이때 쯤 나는 중국 옷을 입고 중국 여자들과 어울려 생활하게 되었다. 심지어 내 사고방식까지 중국 사람들처럼 변해 가기 시작했다. 중국은 점점 내 나라가 되어가는 듯했고, 중국 사람들이 나와 한 민족이라는 연대감이 생겼다. 나는 중국 국민의 한 사람으로 귀화해야겠다고 결심하기에 이르렀다. 1936년, 나의 귀화 신청은 수락되었고, 나는 아이 웨 더라는 공식 이름을 갖게 되었다.

6. 나인펜스

관리의 제안으로 시작된 전족 관련 일은 몇 년간 계속됐다. 그 사이 중국인 친구들을 많이 사귀긴 했어도 나와 같은 생김새를 한 서양인 친구가 생겼으면 하는 바람이 늘 있었다. 영국에서 누군가 이곳으로 와서 함께 일할 수 있기를 몇 년 동안 기도했다. 그러나 아무도 오지 않았고 나는 계속 혼자였다. 미혼이라면 누구나 기대할 결혼과 남편과 아이들에 대한 꿈조차 희미해져 가고 있었다. 어쩌면 평생 독신으로 사는 것이 주님의 뜻이 아니겠냐는 생각도 해보지만 외로움의 감정은 때때로 나를 무겁게 짓눌렀다.

어느 날에는 몹시 친울해진 기분으로 하나님께 나를 도와줄 사람을 보내주시라고 필사적으로 기도했다. 그날 오후에 전족과 관련한 정부일을 도우면서 친구처럼 가까워진 관리를 만나러 가는 길에, 한 여자가 어린 여자 아이를 앉은 채 길가에 앉아서 구걸하는 모습을 보았다. 여자 품에 안긴 아이는 비쩍 마른데다 지저분했고 중병에 걸린 듯 힘없이 늘어져 있었어 보기가 민망했다. 뜨거운 태양은 무방비 상태로 노출된 아이의 얼굴을 사정없이 내리쬐고 있었다.

"저렇게 어린 아이를 이런 땡볕에 두다니."

나는 아이를 내려다보면서 그렇게 말했다. 여자가 대꾸했다.

"이 아이는 내 아이에요. 내가 이 아이를 어떻게 하든 당신 같은 서양 사람이 상관할 바가 아니잖아요."

"아주머니!" 나는 목소리에 힘을 주어 말했다.

"나 같은 서양 사람이 상관할 바가 아니라고요? 내 이름은 '아이 웨 더'예요. 중국인이라고요. 이 아이를 이대로 둘 겁니까? 그러다 죽겠어요."

"뭐 어때요? 이 아이가 죽으면 금방 다른 애를 데려오면 돼요."

나는 경악했다. 아이들을 사고 판다는 소문이 사실이었다니. 이렇게 아이들을 이용해 구걸을 하다가 아이가 죽으면 그것에 대해 뭐라고 하는 사람도 없는 것이다. 나는 몸을 떨면서 여자와 어린 아이를 번갈아 내려다보았다.

그렇게 잠시 아무 말 없이 서있는 동안 여자는 내 눈치를 보다가 우는 소리로 이렇게 말했다.

"원한다면 이 아이를 반 크라운(약 35센트)에 줄게요."

"됐어요." 나는 목이 메어 거의 말을 할 수가 없었다.

"그러면 2실링(약 28센트)에 데려가세요."

"2실링이요? 없어요." 나는 화난 목소리로 대답했다.

"부끄러운 줄 아세요, 아주머니. 이렇게 아이를 방치하면 죽게 된다는 걸 누구보다 잘 알잖아요."

그렇게 말하고 돌아서서 씩씩대며 관리에게로 향했다. 관리를 만난 자리에서도 너무 화가 나고 가슴이 떨려서 업무 보고할 생각이 나지 않았다. 그러다 더 이상 참지 못하고, 아이들을 사고파는 일에 대해 분을 토하듯 쏟아냈다.

"우리가 할 수 있는 일이 없습니다." 관리는 조용히 대답했다.

"전족 문제와 마찬가지로 이런 일은 정부가 새로운 법을 시행해야만 시정될 문제지요. 그런 방식이 아니라면 완전히 근절되긴 어려울 겁니다."

집으로 돌아오는 길에, 여전히 그 여자와 아이가 있었다. 나를 보고 여자가 말했다.

"1실링(약 14센트)이에요. 아가씨, 1실링만 주고 데려가세요."

나는 아무 가치 없는 존재처럼 취급받는 그 가녀린 아이를 다시 바라보았다. 그녀가 겪고 있을 고통이 느껴졌다. 나는 호주머니에 손을 넣어, 가지고 있던 중국 동전 다섯 개(약 9펜스)를 꺼냈다.

"이 돈이 전부예요."

여자는 내 손에서 돈을 빼앗듯 움켜쥐고는 아이를 잡아 일으켜 내게로 밀어냈다.

"이제 이 아이는 아가씨 거예요. 나는 당신이 착한 사람이란 걸 진작부터 알고 있었어요."

그렇게 그 여자 아이는 나의 삶 속으로 들어왔다. 그녀는 오랫동안 힘겨웠던 나의 빈 자리를 조금씩 메워가기 시작했고, 한편으로 나에게는 사랑하고 돌봐주어야 하는 누군가가 생긴 셈이었다. 그녀의 이름은 나인펜스(Ninepence)다. 나는 그녀를 데려와 씻기고 음식을 먹였다. 며칠이 지나지 않아 그녀는 확 달라졌고 우리가 함께 머무는 집은 가정이라고 불러도 좋을 만한 곳이 된 듯했다. 몇 달 후에 나인펜스는 길거리에서 꼬마 남자 아이를 데려왔다. 그 아이는 다시 길에서 두 명인가 세 명을 더 데려왔다.

이런 식으로 아이들이 하나둘 늘기 시작해 어느 틈엔가 스무 명이 돼버렸다. 그 아이들과 함께 지내는 동안, 가끔은 먹을 것이 거의 없을 때도 있었지만 실제로 굶은 적은 한 번도 없었다. 그리고 나는 더 이상 외롭다는 얘기를 할 수 없게 되었다. 오히려 잠시라도 조용히 혼자서 지내고 싶다는 바람을 갖기에 이르렀다.

7. 칭 아줌마

어느 날 나는 산악지대로 이어지는 급한 경사로를 따라 유안 춘(Yuan Tsun)으로 향하고 있었다. 길은 구불구불한 데다 거친 돌투성이여서 일행을 금세 지치게 만들었다. 노새들은 등에 식량과 침구들을 잔뜩 실었고, 나는 맨 앞줄의 노새에 올라 앉아 떨어지지 않기 위해 잔뜩 힘을 주었다. 날이 너무 더웠다. 게다가 집을 떠난 지도 오래여서, 나는 지치고 흙먼지를 뒤집어쓴 채로 시원한 목욕과 푹신한 침대를 그리고 있었다. 하지만 우리가 향하는 마을이 워낙 소문이 안 좋은 터라 기대보다 염려가 앞섰다.

경호 임무를 맡은 군인 둘은 노새들 곁에서 묵묵히 걷고 있었다. 그들은 거의 말이 없었다. 하지만 자신들이 낯선 서양 여자를 보호하고 있다는 사실에 은근히 자부심을 느끼는 것 같았다. 그들은 왜 소한 체구의 내가 무슨 말을 하면 순순히 듣고 따랐다. 나는 가능하면 그들에게 진실만을 얘기하려고 했고 아랫사람이 아니라 동료라는 생각을 심어주고 싶었다. 우리는 함께한 지 얼마 되지 않아 꽤 가까워졌다.

우리가 마을에 다다랐을 때, 거리에는 아무도 보이지 않았다. 노새꾼이 소리를 지르자 그제서야 여관 주인이 밖으로 달려나왔다. 우리는 온갖 짐승 냄새가 밴, 더럽고 어두운 실내로 안내되었다. 여관 주인은 내가 아이 웨 더라는 것과 그곳에 온 이유를 듣고 나서 표정이 굳어버렸다. 곧 시선을 피하며 뭔가를 궁리하는 듯했다.

"오늘밤에 여자들을 만나겠습니다." 내가 말했다.

"내일까지 기다리시죠." 여관 주인이 제안했다.

"그렇게 되면 마을에 소문이 퍼져서 사람들이 여자 아이들을 숨길 거예요. 그러니까 지금 당장 해야 합니다." 나는 강하게 나갔다.

나는 여관 주인이 틀림없이 마을에 사람을 보내 우리가 온 이유를 알렸을 거라는 판단을 하고, 군인들에게 서두르자고 말했다. 우리는 여관을 빠져나와 거리에서 만난 여자들 몇 명과 아이들의 발을 검사한 후 더 이상 전족을 하지 말라고 했다. 그러고 나서 문틈으로 불빛이 전혀 흘러나오지 않는 어느 집 앞에 이르렀다. 그곳에서 왠지 소란이 일어날 것 같은 예감이 들었다.

나는 문을 두드리고 사람을 불렀다. 안에서는 아무 기척이 없었다. 그러자 호위 군인 하나가 문을 세게 두드리며 소리를 질렀다.

"문을 여시오. 여기 관리의 명을 받은 아이 웨 더가 왔소."

여전히 아무 대답도 없었다.

"만약에 문을 열지 않으면 내가 창문을 통해 안으로 들어가겠다고 말하세요." 내가 군인들에게 말했다.

그때 문이 살짝 열리면서, 누군가가 놀란 표정으로 조그만 얼굴을 내밀었다. 나는 문을 밀고 안으로 들어갔다. 그리고 또박또박 말했다.

"아주머니, 나는 아주머니가 무엇을 숨기고 있는지 알고 있어요. 내가 믿는 하나님이 모든 걸 알려주셨기 때문이에요. 그러니까 아이들을 데려오세요. 그렇지 않으면 내가 직접 찾아내겠어요."

그 여자는 허둥대며 사라졌다가 네 살쯤 되어 보이는 여자 아이를 데려왔다. 아이는 비쩍 마른 데다 겁을 먹어서 제대로 서 있지 못하고 바닥에 웅크리고 앉아 울었다. 아이의 조그만 발은 전족을 위해 천으로 두껍게 싸여 있었다. 나는 아이를 안아 올렸다. 바들바들 떨고 있는 아이가 안쓰러워 내 눈에서도 눈물이 났다.

"모두 괜찮습니까?" 문 밖에 서있던 군인들이 외쳤다.

"괜찮아요." 나는 캉(kang, 벽돌침대) 위에 앉아 무릎 위에 앉힌 아이의 조그만 발에 묶인 천을 풀면서 대답했다. 단단히 싸여 있던 아이의 발은 뜨거웠고 붉게 달아올라 있었다.

"따뜻한 물을 대야에 담아 주세요." 내가 여자에게 말했다.

아이의 발을 물에 담가 씻어주자 아이가 긴장이 풀린 얼굴로 말했다.

"참 좋아요."

나는 속으로 찬송을 부르기 시작했고, 아이는 내 팔에 몸을 맡겼다. 그러다가 갑자기 아이가 소리를 질렀다.

"다른 아이들은 어떻게 되었어요?"

"너 말고 다른 아이들도 있니? 그 아이들도 여기로 올 거야." 나는 조용히 말하며 아이를 내려놓았다.

"다른 아이들도 데려 오세요." 줄곧 구석에 서서 나를 쳐다보고 있던 여자에게 명령했다.

"다른 아이들은 없어요. 그 아이가 잘못 말하는 거예요."

나는 군인들이 들으라고 문밖을 향해 소리쳤다.

"다른 여자 아이들이 있는데도 이 아주머니는 데려오지 않으려고 해요."

"다른 아이들은 더 이상 없어요." 여자가 울먹이며 소리쳤다.

"그러면 우리가 수색을 하겠다." 군인들이 들어와 목에 잔뜩 힘을 주고 말했다.

"좋아요. 아이들을 데려 올게요." 여자는 모든 걸 포기했다는 듯 축 늘어진 어깨로 어디론가 사라졌다가 다른 네 명의 아이들을 데려 왔다.

나는 아이들의 조그만 발에 묶인 것들을 풀고 차례로 발을 씻어

주며 찬송을 불러주었다. 내 앞에 온 아이들은 처음에는 잔뜩 겁을 먹었다가 시간이 지나면서 조금씩 풀어졌고, 얼마 후에는 모두 순진한 모습으로 잠이 들었다.

아이들을 이대로 여자에게 맡기고 나올 수 없겠다고 생각한 나는 군인들에게 여관에 있는 우리 짐을 가지고 오도록 했다. 그날 밤 군인들은 바깥 방에서 머물렀고, 나는 다섯 아이들과 함께 캉 위에서 잤다. 물론 그 조그만 얼굴의 겁에 질린 여자도 함께.

땅콩 기름으로 불을 밝힌 등잔 덕에 실내는 그리 어둡지 않았다. 한밤중에 잠에서 깬 나는 여자가 잠을 자지 않고 불안해 하는 모습을 보았다. 그녀에게 슬며시 다가가 무슨 일이냐고 물었다.

"주인이 돌아오면 큰일이 벌어질 거예요." 여자가 떨리는 목소리로 말했다. "그가 돌아오면 나를 죽이고 말 거예요. 무서워요."

"그 사람은 내가 잘 처리할게요." 나는 힘을 주어 말했다. "나는 정부에서 보낸 사람이에요. 그리고 내 호위 군인들이 당신을 해치지 못하도록 지켜줄 거예요."

"당신은 이해할 수 없어요." 그녀가 흐느끼기 시작했다.

"이 아이들뿐만 아니라 나도 그 사람한테 팔려온 거라고요. 그는 포악하고 잔인해서 인정이라곤 눈곱만큼도 없죠. 이 아이들에게 전족을 해서 발을 예쁘게 만들면 돈을 받고 다른 사람한테 팔려고 했던 건데, 당신이 오면서 모든 게 엉망이 돼버렸으니 앞으로 끔찍한 일이 벌어질 거예요."

"아주머니의 두려움을 이해할 수 있어요. 아주머니의 그 두려움을 없애주실 어떤 분을 내가 알고 있어요. 바로 예수 그리스도라는 분이에요. 그분이 아주머니를 도와주라고 나를 보내신 거예요. 그분에 대해 말해 주고 싶어요. 그러면 그분이 아주머니를 위로해 주실 거예요."

나는 짐승처럼 팔려와 노예로 살고 있는 그 가련하고 겁에 질린 여자 곁에 누워 얼마 동안 이야기를 들려주었다. 하나님이 그녀처럼 가여운 피조물을 얼마나 사랑하시며 또 예수님이 그녀를 위해 어떻게 십자가에서 죽으셨는지, 그리고 그녀가 얼마나 행복해질 수 있는지에 대해 작은 소리로 얘기해 주었다.

그녀는 이런 이야기를 한 번도 들어본 적이 없었다. 태어나 처음 듣는 내용이었다. 그녀가 들은 이야기는 사실이라고 하기에는 너무 기쁜 소식이었다. 그래서일까, 그녀의 눈빛이 초롱초롱해졌다. 내 이야기를 들으면서, 어쩌면 그녀는 며칠 후면 집에 돌아와 폭력을 휘두를 집주인으로부터 예수님이 자기를 구해 주시는 장면을 상상했을 것이다. 그런 기대를 품지 않고서는 불안으로부터 벗어날 수 없었으리라. 그녀의 이름은 칭(Ching)이다.

나는 그 마을에 이틀을 더 머물면서 군인들과 함께 일하다가 밤이 되면 다섯 아이들과 칭 아줌마가 있는 집으로 돌아와 거기서 잤다. 사흘째 되는 날 아침 일찍, 나는 모두를 깨웠다.

"얘들아, 너희 모두를 우리 마을로 데려가기로 했다. 거기 가서 같이 살자꾸나. 그곳에는 이미 너희 같은 아이들 여럿이 나와 함께 살고 있단다." 아이들의 눈이 반짝거렸다.

"거기서 글도 배우고 노래도 배우고, 나를 너희에게 보내신 티엔 푸(Tien Fu, 하나님 아버지)를 사랑하는 법도 배우게 될 거야."

"칭 아줌마는요?" 아이들은 그녀를 좋아하지 않았다. 그동안 자기들을 매정하고 인정 없게 대해 왔기 때문이다. 하지만 그녀만 거기 남는다면, 그녀에게 일어날 일은 분명했다. 그걸 알면서 그녀만 거기 버려둘 수 없었다.

"칭 아줌마도 우리와 함께 갈 거야." 내가 대답했다. 아이들은 잠시 머뭇거렸지만, 이내 기대감에 부풀어 이리저리 흥분한 듯 뛰어다녔다. 아이들은 어느 새 내가 처음 봤을 때의 그 지저분하고 겁에 질린 모습이 아니었다. 호위 군인들도 자신들이 그처럼 많은 사람들을 보호하게 되었다는 사실에 뿌듯해 하는 것처럼 보였고, 모두들 가벼운 마음으로 집으로 향했다. 칭 아줌마만 예외였다. 그 가련한 여인은 자기가 감옥으로 가게 될 거라고 믿고 있었다. 그곳에 가면 자기를 아는 사람도 없고 자기 입장을 대변해줄 사람도 없었다. 그녀에게 새로운 마을로 가는 건 두려운 일일 뿐이었다. 그게 아니더라도, 그녀 때문에 적지 않은 돈을 썼을 주인이 쫓아와 자기를 감옥에 쳐넣든지 마을로 다시 끌고 갈지도 모르는 일이었다. 그러면 하루가 멀다하고 폭행을 당하며 살게 되셨지. 그런 생각이라도 하는 듯 그녀는 걸음이 무거웠다.

마을에 가까이 이르렀을 때 수백 명이나 되는 것처럼 보이는 아이들이 달려왔다. 실제로는 집에 있던 아이들 스물네 명이었다. 아이들은 서로 먼저 나에게로 달려가겠다고 밀치고 소리지르고 아우성이었다. 멀리서 요리사 노인이 그 장면을 지켜보고 있었다. 그도 우리를 다시 만나는 것이 반가웠지만 아이들처럼 뛰어나오기에는 너무 늙었다. 가장 어린 바오 바오(Bao Bao)가 먼저 다가왔다. 나는 아이를 안아 올렸다. 아이들을 다시 만나는 것은 나에게도 무척 즐거운 일이었다.

나는 유안 춘에서 데리고 온 아이들을 하나씩 소개했다. 그리고 나서 또다시 겁에 질린 그 다섯 여자 아이들을 '큰 언니'에게 맡겨 씻기게 하고 음식을 먹인 다음 잠자리에 들게 했다. 칭 아줌마는 이 모든 광경을 잠잠히 지켜보다가 나에게로 다가와 말했다.

"저를 언제 감옥에 보낼 생각이세요?"

"감옥이라고요?" 내가 놀라 되물었다. "나는 아주머니를 감옥에 보내지 않아요. 이제부터 여기가 아주머니 집이에요. 오늘 밤에는 여관에 손님이 가득할 테니 나랑 함께 자요."

칭 아줌마는 눈을 동그랗게 뜨고 바라보았다. "여기서 살라는 말씀이세요? 당신과 함께요? 제가 그 아이들에게 어떻게 했는지 알면서도요?"

"그런 건 문제가 안 돼요."

"당신이 얘기하는 하나님을 저는 거절했잖아요? 그런데도 절 원하세요?"

"그래요. 아주머니를 원해요. 내가 믿는 하나님께서 아주머니를 원하시기 때문이에요."

칭 아줌마는 한참을 멍하니 서 있다가 알 수 없는 표정을 지으며 돌아서 부엌으로 들어갔다. 그곳에서 요리사 창(Chang) 노인이 솥에 든 무언가를 주걱으로 젓고 있었다. 나도 그녀를 뒤따라가 부엌문 근처에 서서 창 노인이 새 식구를 어떻게 맞이하는지 궁금해 귀를 기울였다.

"이걸 저어요." 노인은 여자를 쳐다보지도 않고 말했다. "내 소중한 사람을 위해 맛있는 음식을 만들려는 참이오."

"소중한 사람이라고요? 당신 같은 늙은이에게 그런 사람이 있어요?" 칭 아줌마가 비명을 질렀다.

"그렇다오. 지금 내 나이가 예순여덟이지만, 생전 처음 같은 인종이 아닌 다른 나라 사람을 사랑한다오. 나는 그게 부끄럽지 않아요. 그녀를 사랑하니까. 그녀가 나에게 예수님을 만나게 해주었거든."

"아이 웨 더 말씀인가요?"

"그밖에 누가 있겠나? 그녀가 우리 마을로 올 때까지 나는 외롭고 고약한 늙은이였다오. 그러다 그녀가 들려주는 이야기와 노래에 관심을 갖게 되었지. 나는 그녀가 요리사를 구한다는 얘기를 듣고 얼른 나섰지. 사실 요리는 잘 할 줄 몰라. 그래도 괜찮아. 최선을 다 하고 있으니까."

칭 아줌마는 묵묵히 듣기만 했다.

"나는 이곳 아이들이 좋아. 아이 웨 더는 여기 아이들에게는 좋은 아버지이자 자상한 어머니가 되어주지. 때로 아이들이 버릇없게 굴기도 하지만 아이 웨 더는 하나님께서 버릇없고 나쁜 사람들도 사랑하시기 때문에 우리도 그렇게 해야 한다고 말해요."

바로 그때 아이들이 손에 조그만 그릇을 받쳐 들고 다른 문으로 들어왔다. 우리는 그릇에 음식을 채우고 둘러서서 함께 찬송을 불렀다.

"와서 드세요. 예수님이 우리를 초대하세요. 예수님이 우리를 사랑하세요. 예수님이 우리를 먹이세요. 그 예수님을 믿기만 하면 돼요. 아멘."

식사를 마칠 때쯤 밖이 소란스러워졌다. 지친 표정의 사내들이 흙먼지를 뒤집어 쓴 노새들을 끌고 여관으로 들어왔다. 곧 음식이 차려졌고, 칭 아줌마는 그들이 그릇에 든 음식물을 순식간에 입으로 마구 쏟아넣는 모습을 놀란 눈으로 바라보았다. 날이 어둑해지자 나는 뜰로 나가 거기 모여 있던 아이들과 남자들에게 이야기를 해주기 시작했다. 우리는 함께 노래를 불렀고, 내가 짧게 기도한 다음, 사람들을 향한 하나님의 은혜에 관한 아주 오래 된 이야기를 들려주었다. 모두들 자리에 앉아 눈을 반짝이며 귀를 기울였고, 가끔 노새들의 발굽 소리만이 저녁의 평화로움을 방해할 뿐이었다.

이야기가 끝나자 아이들은 하나둘 잠자리에 들었고, 남자들도 곧 곯아떨어졌다. 평온한 밤공기가 여관을 감쌌다. 나와 칭 아줌마만 깨어 있었다. 우리는 함께 작은 방에 들어가 잠들 채비를 하고 있었는데, 갑자기 그녀가 울음을 터뜨렸다.

"나는 나쁜 여자예요. 아이 웨 더." 그녀가 떨리는 음성으로 말했다. "이제는 다른 사람이 되고 싶어요. 어떻게 하면 당신이 얘기하는 그 예수라는 분을 위해 살 수 있는지 알려주세요. 내 죄를 용서받고 평안하게 살 수 있도록 그분께 기도해 주세요."

우리는 함께 무릎 꿇고, 그 가련한 여인의 비참한 상태를 지켜보아 오신 사랑의 주님께 기도를 드렸다. 그녀의 얼굴이 기쁨으로 빛났다.

사연이 좀 길지만 결국 우리는 칭 아줌마를 그 잔인한 주인으로부터 구해낼 수 있었다. 그녀는 자기와 같은 처지에 있는 다른 여자들에게 예수님이 어떻게 자기를 구원하셨으며, 또 어떻게 자신의 비참한 삶을 끝내고 기쁨으로 살게 하셨는지 말하기 시작했다.

"어린 소녀들의 발을 꽁꽁 묶으면서 내 마음이 그렇게 묶여 있다는 걸 몰랐어요. 내 죄가 나를 그렇게 만들었어요. 하지만 이제는 자유로워졌답니다. 내 마음에 행복이 자라고 있어요."

8. 폭풍 속의 고요

나에게 전족 금지사업을 맡긴 관리는 학식이 높고 생각도 깊은 사람이었다. 그는 나에게 든든한 후원자이자 진실한 친구가 되어주었다. 나와 관리 사이에 신뢰가 쌓이면서, 우리는 종종 진지한 대화를 오랫동안 나누기도 했다. 그는 나에게 많은 질문을 했고 그중 어떤 것에 대해서는 나도 답변을 하지 못했다.

어느 날 그가 말했다. "당신네 사람들이 우리에게 선교사를 보내지만, 사실 우리가 문화적으로나 역사적으로 당신네들보다 훨씬 오래 되었소. 그런데도 당신들은 우리를 마치 야만인처럼 대하고 있소. 안 그렇소, 아이 웨 더?"

"야만인으로 생각하진 않아요. 대신 진짜 하나님이 필요한 사람들이라고 생각하죠."

"우리에게는 위대한 예술과 철학이 있소. 중국 관리들이 사용하는 언어는 세상 어느 나라의 것보다 아름답고 화려하오. 우리 시인들이 중국어로 노래하고 글을 쓸 때 영국이라는 나라는 알려지지도 않은 변방의 미개한 섬에 지나지 않았소. 그런데도 당신들은 우리에게 와서는 새로운 신앙을 가르친다고 하오. 당신도 우리가 새로운 종교로 바꿔야 한다고 말하지 않소?"

"어르신!" 나는 이 관리가 지금 하나님의 구원을 진심으로 찾고 있다고 믿으면서 마음속으로 기도하며 말했다. "저 창 밖을 보세요. 무거운 가마를 메고 가는 가마꾼들이 보이시죠? 그리고 밭에서 일하고 있는 농부들을 보세요. 저들이 짊어진 무거운 짐도 보이시나요? 저들한테는 아내와 아이들이 있어요. 잘 먹지도, 입지도 못한 채 다 무너져버린 흙집에서 아버지가 돌아오기만을 기다리고 있죠. 그 사람들이 처한 가난과 비참한 현실을 생각해 보세요."

"중국에서 가난은 특별한 게 아니오. 전에도 그랬고 앞으로도 그럴 겁니다. 어쩌면 신들의 뜻일 거요."

"제가 믿는 하나님의 뜻은 아니에요. 그분은 소망과 행복을 가져다주실 겁니다."

"아이 웨 더. 당신은 당신의 하나님을 위해 사람들에게 이야기하고 수고하지만, 그게 중국인들에게 얼마나 효과가 있을지 모르겠소. 날벌레 한 마리가 거대한 바다 수면에 일으키는 잔물결보다 못할 거요."

"하나님의 아들, 예수 그리스도는 2천 년 전에 태어나셨어요. 그분은 아무도 관심두지 않는 작은 마을, 그것도 냄새나는 마구간에서 아기의 모습으로 오셨답니다. 그런데도 그분이 일으키신 물결 때문에 제가 지금 이곳에 있는 거예요. 영국이라는 작은 섬나라에서 머나먼 이곳 중국까지 와서 말이에요."

"당신은 아름답고 복잡한 우리 말을 아주 훌륭히 잘 배웠군요. 아이 웨 더."

"저한테는 중국말이 더 편해요. 게다가 이미 중국 사람이 되었잖아요. 저는 제가 이곳에서 꼭 필요한 사람이라고 생각해요."

"그렇소. 당신은 필요한 사람이오. 당신이 하는 말을 전부 이해할 순 없지만, 아이 웨 더, 당신이 우리를 위해 했던 일은 분명 감동을 주었소."

"하지만 어르신, 저는 더 많은 일을 하고 싶어요. 얼마 전에 어르신의 허가를 받아 감옥에 간 일이 있었는데, 그곳 상황이 너무 나쁩니다. 제가 태어난 영국은 오랜 역사를 가지고 있지 않지만, 그렇더라도 여기와 같은 환경은 견디지 못할 겁니다. 아무리 범죄자라고 한들 그렇게 더럽고 비참한 곳에서 수갑을 차고 굶주린 채 살아갈 수 없을 거라고 생각해요."

"그들은 범죄자들이오. 아이 웨 너."

"그래요, 하지만 그것이 곧 그 사람들이 돼지처럼 취급을 받아도

8. 폭풍 속의 고요 93

된다거나 하나님의 자비와 용서에서 제외된다는 뜻은 아니죠. 불쌍한 중국인들!"

"우리를 동정하는 거요, 아이 웨 더?"

"제가 누군가를 동정한다면, 그건 하나님의 사랑이 그 사람들의 마음에 아직 다다르지 못했기 때문이에요. 예수님은 말씀하셨어요. 우리가 그분을 위해 감옥에 갇힌 사람들을 찾아가고, 헐벗은 사람들을 입히고, 굶주린 사람들을 먹이고, 부모 없는 아이들을 돌보아야 한다고 말이죠(마 25:40)."

"그래서 당신이 그 여자 아이를 집으로 데려갔군요?"

"그 불쌍한 아이를 데려가지 않았다면 분명 죽고 말았을 거예요."

"그래요. 그 아이도 날마다 숨을 거두는 수백 명의 여느 아이들과 같은 운명이었을 거요. 하지만 이제 당신이 그 아이의 어머니가 되었소."

"그래요. 제가 그 아이의 어머니예요."

"아이 웨 더. 당신은 우리 지역에서 정말 큰 사람이오. 당신은 병자를 돌보고, 산모의 분만을 도와주고, 범죄자들을 찾아가는 일을 마다하지 않았소. 아무도 거들떠보지 않는 아이들의 어머니가 되어 주기도 했소. 당신이 어느 마을을 가든, 어느 산지를 방문하든, 사람들은 당신을 환대해 주었을 거요. 하지만 당신은 양청에 사는 우리에게로 와주었소. 낯선 외국인으로 와서 진짜 중국인으로 살면서 말이오. 그건 분명 당신의 강한 믿음 때문일 거요, 아이 웨 더."

"그 믿음은 지난 2천 년 동안 핍박과 고난을 견디고 살아남았습니다. 그러니 앞으로 어떤 박해가 와도 그 믿음을 죽이지 못할 겁니다."

* * *

중일전쟁 기간 동안 부상자들을 치료하는 의료 체계는 가장 원시적인 수준이었다. 북중국 지역에 집중적인 간호가 필요한 부상자들이 엄청났음에도 적십자나 야전병원 따위는 없었다. 그래서 크리스천 목회자들과 복음전도자들 같은 전쟁에 가담하지 않는 이들이 별도의 단체를 만들어 후방으로 수송된 부상자들의 치료를 도왔다. 이들은 위험과 불편을 기꺼이 감수하면서 육체적으로 그리고 정신적으로 충격을 입은 이들을 도왔다.

내가 머물던 마을도 전선에서 가까웠던 터라 우리가 운영하던 여관 뜰에는 늘 수십 명의 부상병들이 누워 있곤 했다. 그래서 나는 이 단체에 도움을 요청했다. 나의 의학 지식은 보잘것없고, 제공할 수 있는 물품도 허접했다. 게다가 내가 동원할 수 있는 조력자라곤 나와 함께 사는 아이들뿐이었다. 부상자들은 음식을 먹여주고 보살펴줄 손길이 절실했는데, 어쩌면 나보다 이런 일을 훨씬 잘할 수 있는 다른 누군가가 나서야 한다고 생각했다. 선쟁의 소용돌이 한가운데서 우리는 이런 상황에 대처하려 했지만 한동안은 그 단체로부터 아무 연락이 없었다.

한편으로 우리는 해마다 돌아오는 집회 준비에 바빴다. 전쟁중이라 여행이 매우 위험한 선택이었음에도 우리는 곳곳에 있는 사람들에게 연락해 집을 떠나 산길을 헤치고 이곳까지 오도록 했다. 그곳에서 일주일간의 집회를 열 계획이었다. 이 광경을 직접 목격한 사람들이라면 당연하게도 정말 이상하게 생각했을 것이다. 전쟁통에 이런 난리라니. 하지만 우리는 큰 축복이 임하기를 기도했고, 행사 채비를 멈추지 않았다.

우리는 창멩엔(Chang Meng En)이란 분을 초청 강사로 모셨다. 당시 우리는 자유로운 중국 지역에 있었고 그는 일본 점령지, 그것도 이곳에서 삼일 길이나 떨어진 곳에 있었지만, 우리는 그가 무사히 올 수 있기를 바라며 기도했다. 마침내 집회 첫날이 되었다. 그러나 초청 강사는 오지 않았다. 몇 개월 후에야 우리는 일본군이 그의 여행을 허가하지 않았음을 알았다.

다른 크리스천들은 물밀듯이 몰려왔다. 어떤 이는 일주일을 걸어왔고 또 어떤 이는 닷새를 걸어왔다고 했다. 그들 모두는 말씀에 목말라 있었고, 큰 축복을 받을 준비가 되어 있었다.

첫날밤 환영 모임을 마치고 우리는 이곳까지 찾아온 사람들을 방으로 안내한 뒤 식사를 제공했다. 그런 다음 지도자들만 예배처에 따로 모여 기도하기 시작했다. 내일이면 더 많은 사람들이 모일 텐데, 정작 가장 중요한 설교자가 없으니 어찌해야 한단 말인가? 우리는 하나님께서 이토록 난처한 상황에서 피할 길을 내어주시기를 기도했다.

그때 한 아이가 내 옷을 잡아당겼다.

"엄마, 어떤 사람이 엄마를 찾아요."

밖으로 나갔더니, 누런 먼지를 뒤집어쓴 군복 차림의 한 남자가 몹시 피곤한 모습으로 문 앞에 서 있었다. 그가 나에게 정중하게 인사를 했다.

"부인, 저희 단체에 연락하셨죠? 이곳에 후송된 부상병들의 치료 문제를 부인과 논의하기 위해 왔습니다."

"이런!" 내 입에서 나도 모르게 소리가 터져나왔다.

"지금은 그런 얘기를 나누기가 어렵겠어요. 오늘부터 일주일 동안 집회가 있어서 다음 주까지는 정신이 없을 것 같네요. 일단 어디 앉아 쉬고 계세요. 그러면 제 아들이 식사를 챙겨 드리고 주무실 곳도 마련해 드릴 겁니다. 저는 이만 가보겠습니다."

나는 서둘러 예배당으로 돌아와 다시 무릎을 꿇었다.

얼마나 지났을까. 누군가가 우리 기도에 참여했다. 그는 우리들 사이로 들어와 손을 잡고는 우리와는 사뭇 다른 억양으로 기도하기 시작했다. 하지만 그의 기도에는 엄청난 능력이 느껴졌다. 기도를 마치고 눈을 떴을 때 우리는 깜짝 놀랐다. 조금 전 그 군인이었다. 흙먼지 투성이로 피곤하게 서 있던 바로 그 군인. 나는 이번에는 반가움에 나도 모르게 그의 손을 덜컥 붙잡았다.

"당신도 크리스천이군요!"

"그렇습니다. 만일 제가 크리스천이 아니었다면 부상병을 돕는 일에도 관여하지 않았을 겁니다."

사람들이 너무 많아서 그가 누울 자리가 마땅치 않았다. 웬만한 곳은 이미 사람들로 가득했고 나머진 여자들과 아이들 몫이었다. 그는 결국 내 방 문 앞에서 쭈그리고 자야 했다. 아침에 일어났을 때 그는 자리에 없었다. 어디로 갔는지 보이지 않았다. 두 시간 동안 계속된 아침 기도 모임 후에 식사를 했다. 그러고 나서 다시 30분가량 찬송을 불렀고, 집회가 본격적으로 시작될 참이었다. 사람이 꽉 들어차 숨이 막힐 지경이었다. 우리 지도자들은 그때까지 어떻게 해야 할지 몰라 우물쭈물하고 있었고 아무것도 모르는 참석자들은 진지한 표정으로 다음 순서를 기다리고 있었다. 바로 그때 그 군인이 들어왔다. 간밤의 그 낡은 회색 군복 차림이었지만, 강에서 목욕을 하고 왔는지 깔끔하고 정돈되어 보였다.

그는 연단으로 올라가 설교를 하기 시작했다. 아무도 제지하지 않았고, 나는 그토록 강력하고 거대한 능력을 경험하게 만든 순간을 결코 잊지 못할 것이다. 설교 마지막 부분에 그가 사람들에게 삶을 주님께 바치라고 요청했을 때 모든 사람들이 무릎을 꿇었다. 건물 밖으로 우레와 같은 기도 소리가 한꺼번에 터져나왔다.

회색 군복의 조나단 웬(Jonathan Wen)은 5일 동안 집회를 인도했다. 우리는 먹고 자는 문제로 신경 쓸 여유가 없었다. 오랫동안 부흥을 위해 기도해 왔는데, 마침내 그것이 홍수처럼 밀어닥친 것이다. 날마다 수십 명이 예수님께 나아왔다. 마을에서 남자와 여자들이 궁금증을 못참고 찾아와서는 무슨 일이 벌어지고 있는지 기웃거렸다. 그러다가 그들 역시 눈물을 흘리며 나아와 무릎을 꿇었다. 하나같이 자신의 죄를 고백하며 하나님의 용서와 구원을 간구했다. 실로 거대한 기쁨이 아닐 수 없었다. 눈물로 기약 없는 세월 동안 씨를 뿌려왔는데 마침내 주님의 때가 이르렀고 풍성한 열매를 거두게 된 것이다.

 마지막 날 저녁에, 조나단과 집회 인도자들은 환송회를 열었다. 우리는 다시는 서로 못 만나게 되리라는 것을 알고 있었다. 일본군이 인근까지 밀고 들어와 곧 이 마을에 진입한다는 소식이 날아들었기 때문이다. 그렇게 되면 모두들 뿔뿔이 흩어질 것이고 하나님의 이끄심이 없다면 아무런 기약도 할 수 없을 것이다. 일주일 동안 함께했던 사람들이 차례로 작별 인사를 하고 조용히 밖으로 나갔다. 나는 녹초가 되어 방에 들어오자마자 침대에 쓰러졌다.

 아주 이른 새벽, 몹시 시끄러운 소리에 잠이 깼다. 적의 포격이 시작됐다고 판단해, 나는 가장 어린 바오 바오를 품에 안고 다른 아이들을 깨워 널따란 마당으로 뛰쳐나갔다. 예전에 여관 세 곳이 있던 자리라 굉장히 넓은 그곳은 비행기를 잘 볼 수 있는 위치였다. 하지만 내 눈에 들어온 것은 적의 비행기 대신 수백 명의 사람들이었다. 어떤 사람은 무릎을 꿇고 어떤 사람은 선 채로 모두들 기도하고 있었다. 간밤에 집회가 끝났는데도 아무도 가지 않고 그곳에서 기도를 하고 있었던 것이다. 엄청난 기운이 그곳을 덮고 있어서 마치 오순절의 다락방에 와 있는 듯했다. 잠시 후에 나 역시 벅찬 가슴으로 그곳에 무릎을 꿇고 기도하고 있었다. 내 옆에선 한 여자가 눈물을 흘리며 자기 남편을 위해 하나님께 간구하고 있었다. 그렇게 한 목소리로 기도하다가 순식간에 동이 텄고 모두들 한 목소리로 외치기 시작했다. "할렐루야 삼 메이 추"(Sam Mei Chu, 주님을 찬양하라).

해가 높이 떠오르면서, 우리 모두는 다시금 작별 인사를 나누고 하나둘 각자의 집을 향해 긴 여정을 떠났다.

이틀이 지나고 일본군이 마을에 들어왔다. 하지만 그곳에 왔던 집회 참석자들 모두는 이미 하늘의 영광을 품에 안은 채 비탈진 길을 따라 산지 속으로 들어간 후였다.

몇 주가 지난 어느 날, 내가 노래를 부르고 있자니 한 일본군 장교가 와서 말했다.

"산악 지대 마을 사람들이 그 노래를 부르는 걸 들었소."

나는 고개를 끄덕이며 미소를 지었지만 아무 말도 하지 않았다. 적군이 우리 땅을 지나 산악지대로 이동하고 있었는지는 몰라도, 이미 하나님의 성령이 그곳으로 앞서 가셨다. 주님은 특별히 선택하신 한 사람을 우리에게 보내서, 큰 시련의 때를 맞이할 우리의 연약한 믿음을 굳게 해주셨던 것이다.

9. 전쟁

어느 날 아침 예배를 드리고 있는데 이상한 굉음이 들렸다. 밖으로 뛰쳐나온 마을 사람들의 눈에 태양 빛을 받아 반짝거리며 하늘에 떠있는 비행기들이 들어왔다. 당시만 해도 비행기를 처음 보는 사람들이 많았던 터라 모두들 흥분하여 고함을 지르며 손을 흔들었다. 우리가 여기 있으니 한번 보라는 듯. 높이 떠있던 비행기들이 일제히 선회하여 마을로 내려왔다. 그리고 저공비행을 하며 폭탄을 투하하기 시작했다.

마을은 곧 불바다로 변했다. 아침 예배를 드리고 있던 우리 건물에도 폭탄이 떨어졌다. 폭발 충격에 나는 정신을 잃었다. 누군가 폐허 속에서 나를 끌어냈고, 한참 후에야 정신을 차렸다. 나는 무너진

잔해 더미를 뒤져 의약품 상자를 찾아냈다. 그 안에 있던 것은 붕대 몇 개와 소독약 정도가 전부였다. 마을 사람들 수백 명이 죽거나 심하게 다쳤다. 비통했다. 하지만 그것은 우리가 앞으로 계속 겪어야 할 끔찍한 전쟁의 서막에 불과했다.

갑작스런 공습에 충격을 받은 중국인들은 어쩔 줄을 몰라 우왕좌왕했다. 효과적인 조직이 있었던 것도 아니어서 무엇을 어떻게 해야 하는지, 죽은 이들은 어떻게 처리하고 산 사람은 어떻게 추슬러야 하는지 알지 못했다. 부상자는 감당하기 어려울 정도로 많았고, 갓 태어난 아기들은 제대로 숨조차 쉬어보지 못한 채 싸늘히 식어버리고, 충격을 받은 산모들은 방치된 채 여기저기서 비극적인 광경들이 벌어졌다.

우리가 운영하던 여관도 박살이 나서, 몇 달 전에 이 지역에 들어온 다른 선교사 집에 임시로 더부살이를 해야 했다. 거기서 얼마 동안 지내며, 다른 마을들에 복음을 전하는 일을 계속했다. 중국인 전도자 루와 함께 갈 때도 있었지만, 그보다는 아이들 두셋을 데리고 다니는 때가 더 많았다. 멀리까지 가는 경우 일본군이 점령한 마을에도 들어갔다. 그들은 나의 활동을 방해하지 않았으며, 일부는 집회에 참석하기도 했다. 중국말을 모르니까 내가 무슨 말을 하는지 이해는 못해도 노래를 부를 때는 따라불렀다. 그들 가운데 한두 사람은 이미 크리스천이어서 자기네 말로 찬송을 불렀다.

양청은 지역적으로 요충지라 치열한 전투가 자주 벌어졌고 점령

군도 자주 바뀌었다. 한번은 중국 군대가 들어와 인근에 주둔했을 때, 나는 부대를 찾아가 그곳 부대장과 그의 아내와 함께 차를 마시기도 했다. 그들은 대체로 친절했고, 그래서 나는 그들과 가까이 지내곤 했다.

어느 날은 부대장이 내 방에 찾아와 지도 한 장을 내밀었다.

"일본군이 아직 이 지역에 있는지 궁금한데요?" 그가 한 지역을 가리키며 물었다.

"예! 일주일 전에 거기 다녀왔는데요, 그 지역에 쫙 깔려 있어요. 우리 집회에도 참석했는걸요."

그 일이 있고 나서 나는 적군의 동태에 관한 정보를 종종 알려주었다. 외부로 나가 전도활동을 할 때 내가 부딪히는 장애는 별로 없었으며 심지어 적군 점령지에서도 공개적으로 활동할 수 있었다. 스파이 노릇을 하는 것에 대해 우려심이 없는 건 아니었지만, 어쨌든 나는 중국인이었고 일본은 우리의 적인 것이 분명했다. 그들은 우리 영토를 약탈했고, 우리 삶을 망가뜨렸을 뿐만 아니라 우리의 소중한 친구들의 목숨을 앗아갔다.

1938년 이후로 우리 마을은 치열한 전쟁 지역 한가운데 위치해 있었다. 양청은 점령군이 네 번이나 바뀌었다. 처음에는 국민정부군이 차지했고, 그 다음에는 일본군이었다. 그때마다 사람들은 산지로 피신해 동굴이나 토굴에서 지내야 했고, 음식은 운이 좋아야 먹을 수 있었다.

군대가 점령했다가 떠난 후에는 모든 것이 약탈당해 아무것도 남지 않았다. 그럼에도 불구하고 군대가 철수하면 우리는 그저 감사하는 마음으로 폐허가 된 집으로 돌아왔다. 여관으로 쓰던 선교관에도 남은 게 없었다. 고작 해야 침대용 널빤지 두 개, 의자 두 개, 컵 두 개, 대야 하나뿐이었다. 무너진 벽에는 말씀이 적힌 조그만 카드가 아직 걸려 있었다. "하나님께서 세상의 약한 것들을 택하사 - 내게 능력 주시는 자 안에서 내가 모든 것을 할 수 있느니라." 이 말씀은 진리였다. 나는 불로 연단하듯 시련을 겪었다. 그러나 하나님께서 나를 강하게 하셨다.

영국으로부터의 소식이 끊긴 지는 오래되었다. 영국의 우편 업무가 그 시기에 완전히 정지되어 있었기 때문이다. 1941년이 되어서야 비로소 유럽에 전쟁이 났다는 소문을 들었다. 내가 중국에 살면서 겪고 있는 고통을 나의 고향 사람들이 똑같이 겪고 있다는 사실이 이상하게 느껴졌다.

어느 날 나의 오랜 친구인 관리가 찾아왔다. 그때 나는 동굴로 피신하여 함께 있던 마을 사람들을 돌보던 중이었다.

"이렇게 무사한 모습을 보니 기쁩니다. 아이 웨 더."

그는 진심으로 반가워했다.

"오늘은 작별 인사를 하러 왔소. 며칠 전에 다른 지역으로 발령이 났어요. 다 내신 다른 사람이 오게 될 거요."

"그래요? 정말 아쉽군요."

"아이 웨 더. 나는 당신이 이곳으로 온 후로 줄곧 지켜보았소. 당신은 우리나라 사람들을 진심으로 사랑하고 열심히 섬겼습니다."

"저는 단지 하나님의 뜻을 좇았을 뿐입니다, 어르신."

"내가 알게 된 게 바로 그겁니다. 헤어지기 전에, 당신이 있는 교회에 가입하고 싶소만. 나도 당신처럼 하나님께 예배를 드리고 싶은데, 그렇게 하도록 허락해 주겠습니까?"

"물론입니다, 어르신." 나는 눈물을 글썽이며 대답했다. 계속되는 환란과 어려움 속에서도 하나님은 신실하게 일하고 계셨다. 오랜 세월 눈물로 씨를 뿌린 끝에, 하나님은 나로 하여금 중국의 가장 높고 힘있는 사람의 마음속에 귀한 열매가 맺히는 것을 목격하게 하셨다.

* * *

여관은 완전히 폐허가 되었다. 그래도 쓸모는 있었다. 나는 앞뜰을 일종의 응급구호소처럼 계속 사용했다. 아이들 대부분은 이웃 마을의 크리스천 가정에 맡겼지만, 나까지 양청을 떠날 수 없었다. 무너진 여관 주변을 돌아보다가 빈 집 하나가 눈에 띄었다. 최근 전쟁 통에 일가족이 피난을 가고 비어 있는 집이었다. 나는 일단 그곳에서 살기로 결정했다.

여관 뜰에는 늘상 40여 명 정도의 부상자들이 있었다. 어느 때는 중국군이었다가, 어느 때는 일본군으로 바뀌는 것만 달랐다. 전문

적인 시설이나 조직을 갖추고 하는 일이 아니었기에 고생이 이만저만이 아니었다. 중상자들은 손을 쓸 수가 없었고, 경상자들한테나 붕대를 갈아주고 먹을 것과 마실 것을 주며 자기 부대로 옮길 때까지 쉴 수 있게 해주는 정도가 내가 할 수 있는 전부였다.

전도자 루가 여전히 나와 함께했고, 가끔씩 다른 중국인 크리스천들이 도움을 주었지만, 그것만으로는 부족했다.

일본군이 두 번째로 퇴각하고 이틀이 지나서 중국인 여자들이 마을로 들어왔다. 그녀들은 몹시 지쳐 있었고 그동안 겪은 고통의 시간들이 고스란히 얼굴에서 드러났다. 나는 이때야말로 그녀들에게 하나님을 전할 수 있는 좋은 기회다 싶었다. 이번 기회를 잘 사용하면 그녀들에게 이 두려운 상황 속에서 마음의 평화를 누릴 수 있도록 도울 수 있겠다는 확신이 들었다.

나는 성경 이야기를 표현한 커다란 그림 하나를 들고 뜰 한가운데 섰다. 주위를 둘러보면서 내 마음이 하나님의 사랑에 대해 알지 못하는 그녀들을 향한 동정심으로 차올랐다.

"우리는 모두 죄인입니다." 나는 그렇게 말하며 별 생각 없이 입구에 있던 사람들을 손가락으로 가리켰다.

"하나님은 우리 모두가 죄인일 뿐만 아니라 그 대가는 죽음이라고 말씀하십니다. 그러나 하나님은 우리가 멸망하는 것을 원하지 않으셨기에 하나밖에 없는 아들 예수 그리스도를 대신 보내셨습니다. 예수님은 여러분과 나의 죄를 위하여 십자가에서 대신 죽으셨습니다. 여러분이 그 예수님을 믿고 구세주로 받아들이면, 여러분의 마음에 진정한 평화와 행복이 자리하게 될 것입니다. 만일 적군이 와서 여러분의 육신을 앗아간다 해도 여러분의 영혼은 예수님이 계시는 천국으로 가게 될 것입니다."

그렇게 복음을 전하고 나서 여자들은 각자의 집으로 하나둘 돌아갔다. 나도 끼니를 위해 집으로 돌아갔다. 어린 소년 디모데와 전도자 루가 기다리고 있었다. 하지만 우리 세 사람을 위해 먹을 것을 마련하는 것도 힘겨운 일이었다.

한 시간쯤 지났을까. 밖에 나갔던 전도자 루가 허겁지겁 들어왔다.

"누가 오지 않았습니까?"

"일본군 점령 때 피난을 갔다 돌아온 중국인 여자들 말고는 없었는데요?"

"다른 사람은요?"

"왜 그러는데요?"

"사령관이 당신을 만나러 이리로 온답니다."

루의 말이 채 끝나기도 전에, 군인들이 들이닥쳤다. 그들이 뭐라고 하자, 루의 얼굴이 창백해졌다.

"이 군인들이 저더러 같이 가잡니다."

"이 사람을 왜 데려가는 겁니까?" 내가 군인들에게 물었다.

"본부에서 이 사람을 보잡니다." 나는 내 유일한 벗이자 식구인

루와 꼬마 디모데가 군인들과 함께 사라지는 것을 지켜볼 수밖에 없었다. 혼자 남겨진 나는 어떻게 해야 할지 몰랐다. 다음에는 무슨 일이 일어날까 두려움마저 들었다. 얼마 지나지 않아 더 많은 군인들이 들이닥쳤다. 나는 할 수 있는 한 친절하게 그들을 맞았다. 어쨌든 그들은 일본군이 아닌, 우리 편 군인들이었기 때문이다. 하지만 차를 내오려고 주방에 들어갔다 나오다가 그것이 우호적인 방문이 아니란 걸 깨달았다. 군인들이 굳은 표정으로 감시를 하듯 주위를 둘러 꼿꼿이 서 있었기 때문이다.

"앉아서 차 좀 드세요." 마음은 편치 못했지만, 나는 티를 내지 않으려 애쓰며 가까이에 있던 군인에게 차를 권했다.

"임무 중에는 앉거나 먹지 않습니다." 그가 무뚝뚝하게 대답했다.

그 상황에서 내가 할 수 있는 일이라곤 기다리면서 기도하는 것뿐이었다. 그렇게 2시간쯤 지나자 뜰이 소란해졌다. 밖으로 나가니 그곳에 사령관이 서 있었다. 나를 만나러 온 것이 분명했다. 나는 그에게 허리를 굽혀 인사를 하고 누추하지만 안으로 들어오시라고 권했다.

그가 나를 매섭게 노려보았다.

"지금 당신은 구금된 거요. 왜 그런지 알겠소?"

"모르겠습니다. 왜 그런 겁니까?"

그는 아무 대답도 않은 채 계속 나를 노려보았다. 나는 돌아서서 부엌으로 들어갔다. 다리가 후들거렸다. 그가 따라 들어왔다.

"당신은 나에 대해 어디까지 알고 있는 거요?"

"알다니요? 전 아무것도 모릅니다. 입고 계신 군복으로 미루어 보면 우리 마을을 탈환한 군대 사령관이라는 것 말고는요."

"누가 나에 관해 얘기를 해주었소?"

"아무도요. 제가 다른 사람들보다 사령관님에 대해 더 많이 알고 있는 게 없습니다."

"아니오. 분명 누군가에게 들었소. 어서 말하시오. 그 자가 누군지. 그래야 여기 병사들을 철수시킬 수 있소."

나는 그의 사생활에 관해 전혀 아는 바가 없다고 거듭 말했다. 그는 막무가내였다. 거친 욕을 하고 겁을 주며 캐묻다가 한참이 지나서야 돌아갔다. 군인들은 계속 남아 나를 감시했다.

군인들에게 먹을 것을 구하러 나갔다 오겠다고 했으나 허락되지 않았다. 하는 수 없이 집안에 남아 있던 차가운 죽 한 그릇으로 허기를 달래야 했다. 디모데와 루는 감감 무소식이었다. 그들에게 무슨 일이 벌어졌는지 알 길이 없었다. 나는 긴장감에 몸을 떨다가 주저앉았고 옷을 입은 채로 잠이 들었다.

밤 열 시쯤 되었을 때 밖에서 다시 소란이 일었다.

"밖으로 나오시오! 당장!" 거친 고함소리가 들렸다. 사령관이었다. 그가 이전보다 더 흥분한 모습으로 다시 찾아왔다.

나는 몸을 일으키기는 했어도 걸음을 뗄 용기가 나지 않았다. "분명히 말씀드리지만, 저는 군인이 아닙니다. 엄연한 중국의 자유 시민입니다." 잠시 숨을 고르다가 제법 엄숙한 목소리로 대답했다.

"저를 보시려거든 들어오십시오!' 사령관이 몇 걸음 다가와서는 부서진 문 입구에 선 채로 나를 노려보았다.

"마지막 기회를 주겠소. 누가 나에 관해 말했는지 털어놓으시오. 그러면 더 이상 당신을 힘들게 하지 않을 테니."

"정말이지 털어놓을 게 없습니다. 제가 사령관님을 처음 뵙는데, 누구에게서 무슨 말을 들었겠습니까? 사령관님께서 이러시는 이유를 알 수가 없습니다."

다시 한 번, 그는 내게 욕설과 협박을 한동안 퍼붓다가 돌아갔다.

이틀 동안 나는 아무것도 먹지 못한 채 군인들의 감시 아래 갇혀 지냈다. 먹을 것을 구하려면 밖으로 나가야 했지만, 군인들은 나의 문 밖 출입조차 허락하지 않았다. 사흘 때 되는 날 사령관이 더 많은 군인들을 데리고 왔다. 그가 의자에 앉으며 말했다.

"자, 사흘이 지났소. 나에 관해 얘기해준 자가 누구인지 말할 준비가 됐소?"

"이미 말씀드렸다시피, 사령관님이 이러시는 이유를 모르겠습니다."

"그런데 어떻게 나에 관한 걸 안단 말이오? 내가 죄인이라고 했잖소?"

"그건 성경에 그렇게 써 있으니까요. 저는 성경에 있는 대로 말했을 뿐입니다."

나는 성경을 집어 들고 펼쳐서는 그에게 내밀었다.

그는 군모를 벗어 던지고서 내가 가리킨 대목의 성경을 읽기 시작했다. 모자를 벗은 그의 인상이 며칠 전 중국인 여자들로 가득했던 뜰에서의 누군가를 떠오르게 했다. 그랬다. 문 입구에 서 있던 남자였다. 별 생각 없이 그쪽 방향을 가리키며 우리 모두가 죄인이라고 말하던 그 자리에 그가 서 있었던 것이다.

그는 성경을 한 시간이나 읽었다. 내가 한 구절 한 구절을 손가락으로 가리키면 그는 내가 가리킨 대로 성경을 따라 읽었다.

"이 성경이라는 게 뭐요? 당신이 말하는 복음이라는 게 뭐요? 예수 그리스도는 또 누구요?"

그는 그렇게 질문해 왔다. 나는 그가 질문하고 반박하는 동안 참을성 있게 차근차근 설명해 주었다. 그러기를 몇 시간, 마침내 그가 잠잠해졌다. 더 이상 욕설도 하지 않았다. 그의 음성이 사뭇 달라졌다. 무언가를 간절히 바라는 듯한 어조로 그가 입을 열었다.

"내가 구원을 받는 것이 가능하겠소?"

"하나님께는 불가능이 없습니다."

"나는 너무 악한 사람이오!"

"하나님이 구원 못할 만큼 너무 악한 사람도 없어요. 저와 함께 무릎을 꿇고, 하나님께 내가 죄인이었다는 것을 고백하고 예수 그리스도를 구세주로 받아들이겠다고 기도하시면 됩니다. 그러시겠

어요?'

싸움은 계속됐다. "내가 만일 믿는다면 무엇을 얻을 수 있소?"

하나님의 성령께서 이 사람의 영혼을 구하기 위해 분투하셨고, 마귀도 그를 자기 지배 아래 남겨두려고 발악을 했다. 그렇게 두 시간이 더 흘렀다. 마침내 그가 무릎을 꿇었다. 그는 겸손히 자기 죄를 고백하고 예수님을 자신의 구원자와 주인으로 받아들였다.

이때쯤 나는 피로와 굶주림으로 거의 실신할 지경에 이르러 있었다. 사령관은 자리에서 일어나 나를 쳐다본 다음, 밖에 있던 부하들에게 음식을 가져오라고 명령했다. 내가 음식을 먹는 동안 사령관은 옆에 서 있었다. 그러다가 갑자기 이렇게 말했다.

"하나님을 받아들였으니까, 이제 부하들에게 이 사실을 알려야 하지 않겠소?"

"진짜 크리스천이라면 물론 그러셔야죠."

"부하들에게는 내일 이야기할 테니 그때 나와 함께 있어 주시오."

그렇게 말하고 그는 군인들과 함께 떠났다. 며칠 만에 맛보는 해방감이었다. 긴장이 풀린 나는 녹초가 되어 곯아떨어졌다. 다음 날 아침 군인들이 찾아왔다. 이번에는 제법 공손했고 나를 부대로 호위해 갔다. 사령관은 연병장에 마련된 연단 위, 자기 옆에 나를 세웠다. 연설을 시작하고 잠시 뜸을 들이더니 이렇게 말했다.

"우리는 군인이다. 하지만 지금까지는 군인이라고 할 수 없었다.

사람들을 죽이고 가진 것을 빼앗는 일에 더 열심이었다. 그리고 그 모든 일에 사령관인 내가 너희들을 이끌어왔다. 우리는 실패한 적이 없었다. 원하면 무엇이든 가질 수 있었다. 그런데 어젯밤에 나는 예수 그리스도라는 분을 나의 신으로 모시게 되었다. 예수 그리스도가 나의 하나님이 되었으므로 이제부터 우리는 더 이상 강도가 아닌 군인으로 살아야 한다. 악한 강도가 아닌 존중 받는 군인으로 말이다. (성경을 높이 쳐든 채) 나는 이 책이 거짓과 죄악에 반대한다는 것을 알게 되었다. 이제 나처럼 되고 싶은 자가 있다면 앞으로 나오라. 더 이상 죽이거나 빼앗지 않고 진짜 하나님을 섬기겠다고 약속하라."

연설을 마친 그는 나에게 성경을 건네주며 말했다.

"나에게도 성경을 한 권 주시겠소, 아이 웨 더?"

"마을로 사람을 보내 찾아보겠습니다."

나는 사령관의 담대한 고백에 기뻐하며 집으로 돌아왔다. 그리고 사람을 마을로 보내 성경을 구해 보게 했다. 그는 한 크리스천으로부터 성경 한 권을 얻어와 장군에게 갖다 주었다. 장군은 고맙다고 하며 이렇게 말을 전했다.

"아이 웨 더한테 시간이 나는 대로 곧 가겠다고 전해 주시오."

나는 반가운 마음으로 기다렸다. 그가 와서 함께 기도하고 성경을 읽는 모습을 보여순다면 마을 사람들에게 전도의 커다란 계기가 되지 않겠는가. 그러나 다음 날이 되도록 그는 오지 않았다. 마침 다른 크리스천 집에 숨어 있던 디모데가 돌아와 뜻밖의 소식을 전했다. 사령관을 포함한 부대 전체가 마을을 떠났다는 것이다. 어디로 갔는지도 모른다는 것이다. 나는 적잖이 실망했다. 하나님의 구원의 은혜를 증거해 줄 사령관의 간증을 듣지 못하게 되었기 때문이다.

그렇게 사건은 잊혀졌다. 다음 두 해 동안은 중국군과 일본군 간의 엎치락뒤치락하는 전세가 이어졌고, 사령관 소식도 그날 이후로 듣지 못했다. 나는 임시 거처로 마련한 집에 머물면서 응급 구호소 일을 계속했다. 얼마 안 되는 의약품을 구해 부상을 입은 이들을 보살폈고, 안정이 된 부상병들을 부대로 호송했다. 한 무리의 부상병들이 떠나면 그들이 머물던 자리를 청소하고 다시 새로운 부상병들을 맞는 일이 반복됐다.

어느 날 청소를 하고 있는데 더러운 누더기를 걸친 남자가 절룩거리며 들어왔다. 거지였다.

"들어와서 여기 앉아 계세요." 내가 말했다.

그는 잠시 머뭇거리다가 평평한 돌 위에 앉았다. 수척한 얼굴을 보니, 건강이 몹시 안 좋은 것 같았다. 많이 굶주렸을 건 당연하고.

"따뜻한 음식을 가져오렴." 내가 디모데에게 말했다. 소년은 종종 걸음으로 우리가 머무는 집으로 사라졌다가, 잠시 후 그릇에 담긴 죽을 들고 왔다. 나는 청소를 계속했다. 내가 가까이 다가가자 그가 물었다.

"날 모르겠소?"

나는 빗질을 멈추고 그를 바라보았다. "잘 모르겠는데요."

"나는 예수님께 속해 있소."

"그러면 음식을 다 드신 후에 저에게 예수님에 대해 말씀해 주시겠어요?"

"아니오. 나는 아직도 예수님께 속해 있다오." 그게 그가 유일하게 할 줄 아는 말인 듯이 들렸다.

식사를 마친 그에게 내가 물었다. "어디로 가시는 중이세요?"

"집이요."

"집이 어디신데요?"

"여기요."

"여기 양청 사람이세요? 처음 뵙는 분인데."

"나는 예수님의 사람이오. 그분께 속해 있다오." 그가 이 말을 되풀이했다.

그때 디모데가 내 옷을 잡아당기며 말했다.

"저 사람이 누군지 모르세요?"

"여기 양청 사람이라고 하는 것 같은데, 내가 보기엔 정신이 좀 이상한 사람 같아."

"그때 그 사령관이잖아요." 디모데가 내 귀에 대고 속삭였다.

나는 깜짝 놀라며 그를 돌아보았다. 돌 위에 앉은 그는 누가 봐도 병색이 뚜렷했다. 2년 전 그 강인하던 사령관의 모습은 어디에도 남아 있지 않았다.

"성함이 어떻게 되시죠?" 내가 부드럽게 물었다.

"이름은 없소. 나는 예수님께 속해 있소."

그날 저녁, 나는 그를 집으로 데려갔다. 디모데와 함께 그를 간호했고 그는 조금씩, 아주 조금씩 기운을 회복했다. 얼마 후에 나는 전쟁 중에 위협을 피해 아이들을 맡겼던 마을로 그를 데리고 갔다.

그가 제대로 말을 할 수 있게 되면서, 그에게 무슨 일이 일어났는지에 대해서도 알게 되었다. 그가 부하들 앞에서 자신의 신앙에 대해 용감하게 고백했던 날, 부하들이 와서 자기에게 충성 서약을 할 줄 알았지만 아무도 오지 않았다. 그리고 그날 밤, 그는 약속대로 나에게 와서 함께 기도하는 대신, 쿠데타를 일으킨 부하들에게 구금되고 말았다. 부하들은 강제로 그의 옷을 벗기고, 노새에 묶어 어디론가로 끌고 갔다. 그날 이후 그의 군대는 사령관 없는 강도 집단이 되어 불지르고 약탈하는 짓을 일삼았다. 그들은 사령관을 풀어주면 정부에 신고할까 봐 인질로 붙잡아 계속 끌고 다녔다. 그 과정에서 그들은 그의 믿음을 깨뜨리기 위해 온갖 수단을 사용했다. 그는 몽둥이로 맞고, 고문을 받고, 회유를 당하고, 굶주렸다. 하지만 그는 믿음을 지켰다. 자기가 예수 그리스도에게 속한 사람이 된 이상 더이상 강도짓을 해서는 안 된다는 생각을 붙들었다.

이런 생활은 9개월 간 지속됐고, 그들의 군대가 북쪽 접경지대에 다다랐을 때, 한 남자가 다가와 말했다. "당신이 사령관으로 있을 때가 지금보다 훨씬 나았소. 우리는 당신이 돌아왔으면 좋겠소. 다시 우리를 이끌어 주시오."

"그럴 수 없네. 나는 예수 그리스도 편에 서 있어야 하네."

"정말 그런 확신에 변함이 없다면, 당신이 여기서 나갈 수 있도록 돕겠소."

나중에 그는 농부 옷 한 벌을 마련해 주며 왔던 길을 돌아갈 수 있도록 풀어주었다. 사령관은 자신이 어디로 가야 할지 알고 있었다. 양청이었다. 그는 부하들이 쫓아와 자신을 해칠 수도 있기에 한동안은 밤에 걷고 낮에는 숨어 지냈다. 돌아오는 길은 또 하나의 시련이었다. 그는 굶어죽지 않기 위해 마을을 지날 때마다 구걸을 했다. 일할 수 있을 땐 품을 팔아 주린 배를 채웠다. 그러는 중에도 그는 낯선 마을을 찾을 때마다 자신이 예수님에게 속해 있으며 그분의 종이라고 말하고 다녔다. 예수님에 대해 아는 것은 거의 없었지만, 그렇게 말해야 한다고 생각했으며 또 그렇게 말하고 싶었다.

하지만 그에게 삶은 너무 잔인했다. 그는 병을 얻었고 회복이 불가능한 상태에 이르렀다. 그가 어떻게 그 먼 길을 되돌아왔는지는, 그도 기억을 못했다. 그가 기억할 수 있는 거라곤, 자신이 예수님께 속해 있다는 것과 양청에 가야 한다는 것뿐이었다. 15개월을 헤맨 끝에 그는 결국 양청에 이르렀다. 예전에는 빳빳한 군복 차림으로 당당하게 호령하며 이곳에 와서 온갖 욕설을 퍼부었지만, 지금은 쇠약해진 몸뚱이조차 가누기 힘든 행려자가 되어 다른 이의 손길에 의지하는 처지가 되고 말았다. 그에게서 모든 것이 사라져버렸고, 단 하나, 하룻밤의 갈등 끝에 그의 영혼에 심겨진 겨자씨만한 믿음만이 그의 유일한 소유로 남았다.

건강이 다소 회복되자 그의 정신도 맑아졌다. 그는 마을 어린이들과 어울리며 지냈다. 그의 진짜 신분을 아는 사람은 나와 디모데와 전도자 루 밖에 없었다. 크리스천인 마을 사람들은 그를 라오 다(Lao Dah, 큰형님)이라고 불렀으며, 진심으로 그를 아꼈다. 여자들은 그에게 맛난 것을 종종 만들어 주었고, 노새와 함께 돌아온 남자들은 그에게 링탕(Ling tang, 흑설탕)을 선물로 안겼다. 당시 그들에게 흑설탕은 매우 귀했다.

하지만 라오 다는 다시 예전처럼 건강을 되찾지 못했다. 오랜 시련과 고생으로 그의 폐는 이미 회복 불능상태였고, 그는 양청에 돌아온 지 일년 후에 눈을 감았다. 마을의 크리스천들은 한마음으로 그의 죽음을 슬퍼했고, 그들의 진정한 라오 다(큰 형님)였던 그와의 이별을 아쉬워했다.

우리는 그의 진짜 이름을 알지 못했다. 하지만 나는 그리스도 안에서 한 형제가 된 그를 묻을 수 있어서 감사했고, 우리 구세주를 위해 그토록 신실하게 고난을 견뎌낸 '믿음의 아들'을 알게 되어서 자랑스러웠다.

10. 피신

전쟁이 길어지면서 내가 돌보는 아이들도 계속 늘었다. 가난한 집 아이들, 버려진 아이들. 아무도 원치 않는 그런 아이들이 매주 나의 가족이 되었다. 아이 웨 더가 그런 아이들을 거둬 키운다는 얘기를 듣고, 어느 때는 마을사람들이나 군인들이 고아가 된 아이들을 데려왔고, 어느 때는 아이들이 제 발로 찾아 오기도 했다.

그렇게 아이들의 숫자는 전쟁 기간에 비례해 점점 늘다가 어느덧 백 명이 넘어섰다. 그러니 아이들 전부를 제대로 돌본다는 것이 사실상 불가능했다. 아이라고 해서 모두 천진한 아이만 있다고 생각한다면 오산이다. 결코 천사 같다고 말할 수 없는 아이들이 있었다. 그런 말썽꾸러기 아이들을 돌보려면 다른 아이들보다 더 큰 수

고와 헌신이 필요했다. 음식은 상상 이상으로 부족했다.

나는 아이들에게 성경의 시편이나 다른 본문들을 가르쳤고 그밖에 내 수준에서 가능한 것들을 가르쳤다. 가끔씩 일본군에 대한 정보를 알려줬던 부대장과 몇몇 사람들이 나의 이런 사정을 듣고 관심을 보였다.

"아이 웨 더, 당신이 폐허가 된 선교관에서 아이들을 백여 명이나 돌보고 있다는 얘기를 들었습니다." 어느 날 부대장이 물었다.

"마을이 일본군에게 점령됐을 때는 어떻게 합니까? 먹을 것은 어떻게 마련합니까?"

"일본군이 마을에 들어와도 우리는 예전과 다름없이 지냅니다. 비행기의 폭격이 있는 경우에는 산속 동굴로 피신했다가 다시 돌아오지요. 비록 무너지긴 했지만 선교관 건물도 쓸모가 있어서, 거기서 부상병들을 임시로 치료하고 있습니다. 우리가 있는 응급구호소는 중국군이든 일본군이든 구별하지 않습니다. 가끔은 동시에 두 나라 군인들이 있기도 하죠. 그래서 음식이 필요하면 누구에게나 가서 얻어옵니다. 이 모든 상황 속에서 하나님이 공급하시지 않았다면 지금까지 견뎌내지 못했을 겁니다."

"장(Chiang, 장제스를 지칭) 부인이 고아원을 열었다는 소식은 들었나요? 아이 웨 더 당신처럼 아이들을 돌보고 있다는 군요. 게다가 정부 지원까지 받아서 중국 전역에 집 없는 아이들을 위한 시설을 마련하고 있다는 얘길 들었습니다. 사원이나 대학 건물을 그런 용도로

징발하고 있다네요. 당신이 그 부인에게 편지를 보내 도움을 요청하면 어떨까 합니다."

나는 부대장의 제안대로 그녀에게 편지를 보냈고 답장이 왔다.

"아이들을 자유 중국(Free China, 중일 전쟁 시기 일본에 점령되지 않은 지역)의 땅 쉔시(Shensi, 섬서성)로 보내주시면 우리가 돌보겠습니다. 그리고 양청에서 당신이 계속 일할 수 있게 비용을 지원해 드릴 테니 사람을 보내주세요."

우리는 그 문제를 놓고 여러 사람과 의논한 후 중국인 전도자 루를 보내기로 했다. 루가 쉔시까지 아이들을 데리고 간 후 장 부인이 건네주는 지원금을 받아오게 했다. 쉔시까지는 힘들고 어려운 여정이었다. 아이들과 함께 여러 날을 걸어 산을 넘은 다음, 황하를 건너고, 다시 서쪽 변방까지 가야 했기 때문이다. 루는 이 일에 동의했고 아이들은 몹시 흥분했다.

거의 백 명에 달하는 인원이 하루 이틀 치의 식량을 갖고 출발했다. 나머지 필요한 식량은 도중에 얻거나 사야 했다. 우리는 쉔시까지 대략 2주가 걸릴 것이고 그러면 루는 한 달이면 돌아올 수 있을 거라고 예상했다.

그들이 떠나고 나서도 달라지는 건 없었다. 아이들은 더 많이 몰려왔고 한 달이 채 되기 전에 다시 백여 명으로 불었다. 중국인 동역자들과 나는 아이들에게 이야기를 들려주고, 필요한 수업을 진행했으며, 가능한 깨끗하게 씻기고 충분한 음식을 제공하려 했다. 그렇게 우리는 루가 돌아오기만을 기다렸다. 한 달이 지나고 두 달이 지나도 루는 돌아오지 않았다. 루에 관한 소식도 없었다.

전쟁 상황은 점점 나빠졌다. 어느 날 부대장의 부인이 와서 중국 군대가 곧 퇴각할 거라는 소식을 전했다.

"아이 웨 더. 우리와 함께 가요." 그녀가 말했다. "우리가 당신과 아이들을 돌봐줄 게요. 우리와 함께 있으면 안전해요."

나는 잠시 고민하며 기도한 다음 이렇게 말했다.

"부인께서 아이들을 데려가 주세요. 하지만 저는 남아야 합니다. 크리스천들은 결코 퇴각하지 않아요."

그 날 밤 한 장교가 부대장의 친서를 보여주면서 함께 떠나자고 간청했다. 나는 그 편지 뒤에다 이렇게 적었다.

"크리스천은 결코 퇴각하지 않습니다."

다음 날 아이들은 군대와 함께 떠나고 선교관에는 중국인 동역자들과 나 혼자만 남았다. 내가 있어야 할 곳은 여기였다. 일본군은 예전에도 왔었고 나는 잘 견뎌냈었다. 이제 그들이 다시 오겠지.

아이들이 떠나고 이틀 째 되는 날 밤, 성경을 읽고 기도한 후 딱딱한 침대로 들어가려는데 밖에서 누가 문을 두드렸다.

"누구세요?"

조심스레 문을 열어보니, 군인 한 사람과 우리 선교회 사람 하나가 서 있었다. 나는 급하게 옷을 걸쳐 입고 두 사람을 안으로 들였다.

"아이 웨 더, 우리와 함께 떠나야 합니다."

"아니에요. 제가 있어야 할 곳은 여기에요. 여기서 해야 할 일이 있습니다."

"부대장님이 저를 보내 자매님의 마음을 돌려보라고 하셨습니다. 우리와 함께 가지는 않더라도, 이곳 양청에 있으면 안 됩니다."

"왜 그렇죠?"

"오늘 아니면 내일 밤에 일본군들이 이 지역을 점령할 겁니다. 그들이 몇 사람을 지명수배했습니다."

"저와는 상관없는 일 아닌가요? 그냥 여기 있겠어요."

"자매님도 지명수배자 중 한 사람입니다."

"제가요? 잘못 아신 거예요. 저더러 여기를 떠나게 하려고 하시는 말씀이시죠?"

"이걸 보세요." 그는 주머니에서 전단지 하나를 꺼내 보여주었다.

"성벽에 붙어 있는 걸 뜯어 왔습니다. 이런 전단지가 사방에 붙어 있어요."

나는 전단지를 들여다보았다. 거기에 내 이름이 다른 세 사람의 이름과 함께 인쇄되어 있었다.

"수배 : 아이 웨 더. 이 사람에 관한 정보를 제공하여 생포 또는 사실에 도움을 주는 자는 일본군 최고 사령부로부터 100파운드의 보상을 받을 것임."

양청에서 시안으로 피신하기 직전 아이들과 함께 한 글래디스 에일워드.

"생각 좀 해봐야겠어요." 나는 천천히 말했다. "어쨌든 부대장님과 모든 분들께 감사드려요. 안녕히 돌아가세요."

그들은 떠나고 나는 홀로 남아 어떻게 해야 할지 고민했다. 어떤 결정을 내려야 할지 몰랐다. 밤이 늦었지만, 선교관으로 가 거기 머물고 있는 장로와 의논했다.

"아이 웨 더. 여기서 떠나야 합니다. 어서 떠나세요." 장로가 단호하게 말했다.

함께 있던 여자들이 울며 말했다. "가지 마세요. 당신은 우리의 어머니나 마찬가지예요."

나는 방으로 돌아왔다. 마음이 복잡했다. 가지고 있던 서류와 사진들을 모두 불태웠다. 하지만 여전히 고민스러웠다. 어떻게 해야 할까? 괜한 고집을 부리다가 내 목숨을 잃고 싶지는 않았다. 게다가 일본군들이 지명 수배자에게 자비를 베풀 거 같지도 않았다. 문제는 하나님의 뜻이었다. 하나님은 내가 계속 이곳에 남아 다른 크리스천들을 돕기 원하실까? 나는 성경을 꺼내놓고 기도했다. "주님, 제가 어떻게 해야 하는지 말씀해 주십시오. 모든 게 혼란스럽습니다. 이곳에 머물러야 할지 아니면 떠나야 할지 모르겠습니다."

나는 성경을 펼쳐 읽었다. 그러다가 예레미야서의 말씀이 들어왔다.

"여호와의 말씀이니라 하솔 주민아 도망하라 멀리 가서 깊은 곳에 살라 이는 바벨론의 느부갓네살 왕이 너를 칠 모략과 너를 칠 계책을 세웠음이라"(렘 49:30).

그것으로 충분했다. 나는 더 이상 의심하지 않았다. 날이 밝는 대로 떠나기로 하고 잠자리에 들었다. 다음 날 아침 일찍 떠날 채비를 하고 문지기를 불렀다.

"제 노새를 준비시켜 주세요. 그리고 길 아래로 데려다 주세요."

"오늘은 노새가 여길 떠날 수 없습니다, 아이 웨 더. 일본군이 이미 들어왔어요. 지난밤에 말입니다. 와서 보세요."

문틈으로 내다보니 길 옆에 일본군들이 앉아 발을 씻고 있었다.

"그러면 다른 문으로 나가게 해주세요." 내가 말했다.

다른 문이란 중국인들이 시체를 옮길 때 사용하는 문이었지만, 그것은 문제가 되지 않았다. 당장 떠나지 않으면 나는 죽은 목숨이나 다름 없었다. 오로지 한 가지 생각뿐이었다. 할 수 있는 한 멀리 도망가는 것이었다.

나는 시구문(屍軀門)을 통과해 개울을 건넌 다음 들판을 가로질러 뛰기 시작했다. 곧 일본군이 나를 발견했다. 고함소리가 들리고 총알이 사방에서 날아왔다. 나는 넘어졌다. 그러자 총알이 더 가까이에서 스쳤다. 나는 두꺼운 외투를 벗어 던지고서 수풀 밑으로 몸을 숨겼다. 총알이 벗어 던진 외투에 쏟아졌다. 그 틈에 나는 수풀 밑으로 기다가 다시 뛰기 시작했다. 나는 넘어지고, 일어나 뛰고, 기고, 기어올라갔다. 총격은 결국 멈추었고 나는 완전히 녹초가 되어 주저앉았다. 잠시 숨을 고르고, 다시 걷다가 익숙한 길을 찾았다. 하루 종일 걷다가 밤늦게 어느 마을에 들어갔다. 그곳에 나를 아는 이들이 있어 환대를 받고 음식을 먹었다. 다음 날 나는 다시 출발하여 그 날 저녁에 나의 아이들을 맡겨놓은 쳉 추엔(Cheng Tsuen)에 도착했다.

11. 머나먼 여정

일본군을 피해 쳉 추엔까지 오는 동안 나는 아이들을 쉔시까지 직접 데려가야겠다고 결심했다. 아이들을 전쟁 지역에 더 이상 머무르게 할 수 없었다. 그곳에 있다간 무슨 일이 일어날 게 분명했다. 아울러 그때쯤 중국인 전도자 루에게도 피치 못할 일이 생겼다는 소식이 전해졌다.

  아이들을 쉔시까지 무사히 데려다주고 돌아오는 길에 붙잡혀 군사 재판에 회부되고 말았다는 것이다. 그가 쓰는 친쳉(Tsincheng) 사투리 때문이었다. 일본군 점령지였던 그곳 출신 사람이 돌아다니니 스파이로 의심받는 것도 놀라울 게 못됐다. 루는 자신이 아이들을 쉔시까지 데려다주고 돌아가는 길이라고 해명했지만 무시당했고,

당국은 일본 스파이 혐의로 그를 감금했다.

중국인 동료들은 나를 설득하려 애썼다. "시안(Sian, 섬서성 서안)까지는 너무 멀어요. 음식도 부족하고 돈도 없는데 어떻게 백 명이나 되는 아이들을 데리고 거기까지 가려고요? 혼자 몸이라면 가능할지 몰라도 저 많은 아이들과 함께로는 불가능해요."

"하나님이 도우실 거예요." 내가 대답했다. "아이들은 쉔시까지 가야 합니다. 그 아이들을 데리고 갈 수 있는 사람은 저 밖에 없어요. 큰 아이들한테 작은 아이들을 준비시키라고 말해 주세요. 그리고 우리가 오랫동안 걷게 될 거라고 말해 주세요."

"일본군이 모든 도로를 통제하고 있는데 어느 길로 가려고요?"

"산을 넘을 거예요. 그런 다음 황하로 내려갈 겁니다."

"이 아이들하고 산을 넘겠다고요? 미쳤군요!"

"여기서는 아이들이 안전하지 않아요. 언제라도 폭격을 당해 죽을 수 있잖아요. 이곳에 머무는 한 위험하기는 마찬가지입니다."

나는 마을 촌장을 찾아가 먹을 것을 제공해 달라고 간청했다. 밀고 당기기를 한참 동안 벌인 끝에 촌장이 말했다. "다음 마을에 도착할 때까지 필요한 식량을 제공하고, 짐은 사람 둘을 붙여 나르게 하겠소. 아이 웨 더, 당신의 용기에 박수를 보내지만, 누가 봐도 이건 어리석은 짓이오."

우리는 다음날 아침 일찍 출발해 산을 넘는 길로 들어섰다. 아이들의 연령대는 적게는 세 살에서 열여섯 살까지 다양했다. 처음에 어떤 아이들은 흥분하여 앞서 가기도 하고 이리저리 뛰어다니기도 했지만, 점차 조용해졌고 작은 아이들은 큰 아이들의 손이나 바짓가랑이를 붙잡은 채 길을 따라 걸었다. 도중에 힘들어하는 아이는 큰 아이들이 업고 가기도 했다.

촌장의 배려로 짐꾼으로 따라온 두 명의 남자는 첫째 날에 우리와 함께 있어주었고, 다음 마을에 도착한 때부터는 두 사람을 새로 구해야 했다. 하지만 그들도 곧 자기 마을로 돌아갔다. 지나치는 마을마다 사람들이 힘이 닿는 만큼 도움을 주긴 했지만 식량은 금세 바닥이 났다.

산을 넘는 길은 노새에게는 괜찮아도 사람이 다니기에는 험했다. 게다가 어린아이들만 가야 했으므로 예상보다 속도가 나지 않았다. 잠시 한눈을 팔면 발을 헛디뎌 큰일이 날 게 뻔해서 긴장감은 배 이상이었다. 그런 길을 따라 걷고 또 걸어 산을 여러 개를 넘어갔다. 잠은 길가나 사당에 들어가 잤다. 딱 한번 군인 막사에서 잔 것 말고는, 대개는 걷다가 어두워지면 뻥 뚫린 하늘이 보이는 한데에서 누워 잤다. 담요도 없었으므로 체온을 유지하기 위해 포도송이처럼 다닥다닥 붙어서 웅크리고 자야 했다. 식량이 바닥난 후로는 가는 내내 얻어 먹어야 했고, 그것도 잘해야 묽은 죽이 전부였다. 시간이 흐를수록 아이들은 말이 없어졌고 지친 기색이 역력했으며 우는 아이들이 많아졌다.

"아이 웨 더, 발이 아파요!"

"신발에 구멍이 났어요!"

"아이 웨 더, 배가 고파서 더 이상 못 걷겠어요."

큰 아이들도 너무 지쳐서 어린 아이들을 도울 수 없게 되었고, 하루하루 이동 거리도 점점 짧아졌다.

나는 아이들이 힘들고 아픈 것에 대한 생각을 잠시라도 잊고 걸을 수 있게 하려고 온갖 방법을 궁리했다. 우리는 그 동안 배웠던 찬송을 함께 불렀다. 때로는 성경 말씀을 구호처럼 외치기도 했다. 내가 먼저 "내 영혼아 여호와를 송축하라"고 외치면 아이들이 "내 속에 있는 것들아 다 그의 거룩한 이름을 송축하라"고 답하는 식이었다. 또는 내가 "예수님이 세상에 오셨어요"라고 외치면 이번에는 아이들이 "죄인들을 구하시려고"라고 소리를 질렀다. 조그많고 꾀죄죄한 꼬마들이 "받은 복을 세어보아라"고 노래하는 걸 들을 때는 눈물이 나서 고개를 들 수가 없었다. 아무것도 가진 게 없고 먹을 것조차 없는 그 아이들의 입에서 그런 찬송이 나오다니.

우리는 힘겹고 지루한 열이틀의 낮과 춥고 배고픈 열이틀의 밤을 함께 버텨냈다. 새로운 마을에 도착할 때마다 우리는 "여기서 황하까지 얼마나 먼가요? 며칠을 더 걸어야 합니까? 산은 몇 개를 넘어야 하죠?"라는 질문을 되풀이했다. 그렇게 열이틀이 지나고 마지막 산을 넘었을 때 우리 앞에 태양 빛에 밝게 빛나는 황하가 나타났다. 강이 황금 리본을 달고 있는 듯이 보였다.

"저기 유엔추(Yuen Chu)가 보인다!" 큰 아이 하나가 어린 아이들에게 외쳤다.

"저기 가면 먹을 것도 많고 강에서 수영도 할 수 있어!"

그러나 강 인근의 작은 마을 유엔추는 버려진 곳이었다. 주민들이 떠나간 집들은 텅 비었고 먹을 것도 없었다. 아이들은 실망하여 소리내어 울기 시작했다. 그러다가 군인들을 만났다.

"우리에게 먹을 것을 좀 주세요." 내가 간청했다.

"몇이나 됩니까?"

"백 명이에요."

"인원이 너무 많은데요. 우리한테 있는 것도 사흘분 밖에 안 됩니다. 그거라도 나눠드릴 수 있지만 백 명이 먹기에는 모자랍니다."

"이 마을에서 음식을 구할 수 있을까요?"

"전혀요. 마을 사람들 전부가 떠났습니다. 일본군이 언제 쳐들어올지 모르는 상황입니다. 우리 군대도 이미 강 건너로 퇴각한 상태라 적군을 위해 남겨둔 게 아무 것도 없습니다."

우리는 군인들이 건네준 걸로 길에서 묽은 죽을 끓여 먹었다. 그런 다음 나는 낙심하여 힘이 빠진 아이들을 데리고 나루터가 있는 강가로 갔다.

"여기 있다가 내일 아침 첫배를 타고 강을 건널 거야."

나는 가능한 밝고 쾌활하게 말했다. 우리는 지친 발을 강물에 씻고 강둑에 누워 잠을 청했다. 다음 날 아이들은 동이 트기 훨씬 전부터 일어나 있었다.

"너무 배가 고파요, 아이 웨 더. 먹을 것 좀 주세요." 아이들이 울며 애원했다.

"조금만 기다리렴. 강을 건너면 먹을 게 많을 거야. 조금 있다가 배가 이리로 올 거야."

우리는 강 건너편에 시선을 고정시키고 기다렸다. 그러나 해가 뜬 지 한참이 지나도 배가 보이지 않았다. 그제서야 나는 배가 더 이상 다니지 않는다는 걸 깨달았다. 아이들에게는 아무 말 안 했지만 큰 아이들은 상황을 알아차린 듯했다.

결국 큰 아이들 여섯을 불러 말했다. "마을로 돌아가서 뭐가 있는지 찾아봐야겠다. 배가 올지 모르니 나머지 사람들은 여기서 기다리도록 하고."

우리는 군인들이 있는 초소로 갔다. 거기서 지휘관을 만나 물었다.

"오늘은 배가 오지 않나요?"

"강은 폐쇄되었습니다. 지금은 배들이 전부 건너편에 있어서 그리로 갈 수도 없습니다."

"그래도 나루터는 있잖아요."

"거기도 마찬가지입니다. 우리가 할 수 있는 일이 없습니다. 일본군이 언제든 닥칠 수 있으니까요."

나는 무릎을 꿇고 아이들에게 먹을 것을 달라고 사정했지만 그들은 더 이상 아무것도 주려 하지 않았다. 나는 다른 쪽 초소로 가서 마찬가지로 사정을 했다. 그들은 내 말을 믿지 못했다.

"어디서 왔다고요?"

"양청에서 산을 넘어 걸어왔습니다. 정말 끔찍했습니다."

"음식을 나눠드릴 수 있지만, 조금밖에 안 됩니다. 당신들 전부를 도울 수는 없습니다."

나는 거의 절망에 빠졌다. 밤이 새도록 걱정을 하며 기도하고, 기도하며 걱정했다. 마침내 나는 한계에 이르러 있었다.

"내가 이 아이들을 떠맡지 않았다면 이렇게까지 되지는 않았을 텐데." 속에서 비통함이 올라왔다. "아무도 이 아이들을 신경 쓰지 않는데 굳이 내가 이 아이들과 엮여서 이런 궁지에 빠지다니."

그때 한 음성이 들려왔다. "내가 이 아이들을 위해 죽었다. 내가 이 아이들 하나하나를 사랑한다. 내가 나를 대신해 이 아이들을 돌보라고 너를 보냈다."

시간이 흘러 다시 날이 밝았다. 수알란(Sualan)이라 불리는 열세 살 먹은 소녀가 다가왔다.

"아이 웨 더, 하나님이 모세를 부르셔서 그보고 이스라엘 백성을 데리고 홍해를 지나 마른 땅으로 올라가라고 말씀하신 것과 그들 모두가 안전하게 홍해를 통과한 것을 기억하세요?"

나는 고개를 끄덕였다. 그러자 수알란이 사랑스럽게 미소를 지으며 물었다.

"그것을 믿으세요?"

"물론 믿지!" 나는 즉시 대답했다.

"나는 내가 믿지 않는 것을 너희에게 가르치지 않는단다."

"그렇담 왜 우리는 이 강을 건너가지 않나요?"

나는 깜짝 놀랐다.

"하지만 나는 모세가 아니야." 나는 숨이 막혔다.

"물론 아니에요. 하지만 여호와는 여전히 우리의 하나님이시잖아요!"

나는 충격을 받았다. 아이들에게 말씀을 가르치면서 나는 모세가 이스라엘 백성을 이끌고 홍해를 건너간 것을 정말로 믿었을까? 그들이 마른 땅을 건너는 동안 물이 뒤로 물러가 양쪽에 벽이 되어 멈춰 있었던 사실을 나는 믿었을까? 나는 하나님의 전능하신 능력에 내 목숨을 걸었다. 그런데 왜 지금 의심하지?

나는 수알란에게 말했다.

"우리는 건너가게 될 거야." 나는 진심으로 말했다. 수알란이 나이 든 다른 아이들 몇을 불러왔고 우리는 무릎을 꿇고 기도하기 시작했다. 수알란이 입을 열어 말했다.

"주님, 우리가 여기 있습니다. 주님이 우리를 위해 황하를 열어 주시기를 기다리고 있습니다."

나는 아무 말 없이 머리를 숙이고 있었지만 속으로 이렇게 말하고 있었다.

"아! 하나님, 저는 여기가 끝입니다. 더 이상 아무것도 할 수 없습니다. 이제 주님뿐입니다. 하늘에 계신 주님, 우리를 버리지 마시고 구해 주세요. 하나님이 우리의 하나님이심을 보여 주세요."

그때 어린 꼬마들 몇이 달려와 내 치마를 잡아당기며 소리쳤다.

"일어나세요! 어서요! 키가 큰 사람이 여기에 왔어요!"

나는 바들바들 떨면서 자리에서 일어났다. 중국인 장교 하나가 나를 쳐다보고 있었다.

"당신이 이 아이들을 책임지고 있소?"

"그렇습니다."

"모두 몇 명입니까?"

"백 명입니다."

"여기서 무얼 하고 있었소?"

"강을 건너가려고 기다리고 있어요."

"근데 당신은 누구요?"

"양청에서 온 아이 웨 더입니다."

"당신 미치지 않았소? 일본군이 언제 들이닥칠지 모르는 상황이란 걸 알아요? 게다가 일본군 비행기가 항상 정찰하고 있단 말이오. 만약 이 아이들이 그들에게 발각되기라도 했다면 기관총 세례를 받았을 거요. 도대체 이 아이들은 누구입니까?"

"우리는 시안으로 가는 피난민들이에요."

"피난민이라고요? 그렇다면 왜 여태껏 강을 건너지 않았습니까?"

"배를 구할 수가 없었어요."

"우리가 일본군을 위해 배를 남겨 두었을 것 같소? 내가 배 한척을 보내달라고 신호를 보내겠소." 그는 바닷새처럼 길고 낮은 소리로 "우-우-우!" 하고 신호를 보낸 다음 손을 흔들었다.

"곧 배가 이리로 건너올 거요. 강을 건너면 음식을 구할 수 있는 마을이 있습니다."

"감사합니다!"

"당신 혼자서 이 아이들을 돌보고 있는 거요?"

"네, 그렇습니다."

"당신은 외국인인 것 같은데."

"그렇습니다."

"이상한 직업을 선택하셨군요."

그의 말이 끝나기도 전에 아이들이 흥분하며 소리를 질렀다. 강 건너편에서 배가 움직이기 시작했던 것이다. 배는 한 번에 모든 사람을 태울 수 없어서 몇 번이나 왔다갔다해야 했다. 아이들이 차례로 강을 건너는 동안 조바심에 마음을 졸였던 나는 마지막 배가 강둑에 닿는 순간 쓰러질 뻔했다.

마을 사람들은 아이들을 자기 집으로 데려가 씻기고 먹을 것을 주었다. 아이들은 더 이상 먹을 수 없을 때까지 음식물을 삼켰다. 그리고 나서 아이들은 십여 일 동안 산을 넘어 죽도록 걸었던 그 끔찍한 여정에 대해 이야기했다.

"우리 큰 아이들이 동생들을 도왔어요." 아이들이 자랑스레 말했다.

"아이 웨 더 아줌마는 아픈 아이 한둘을 늘 안고 걸었어요. 강에 도착해서는 배가 올 때까지 기다리고 또 기다렸죠. 우리는 이스라엘 백성들이 홍해를 건넌 것처럼 우리도 황하를 걸어서 건널 수 있게 해달라고 기도했어요. 근데 하나님이 우리가 엄청 피곤한 걸 아셨나봐요. 걷지 말고 배를 타고 가라고 하셨지 뭐예요. 그게 더 좋았어요."

우리는 며칠 간 휴식을 취한 후 다시 미엔친(Mienchin)으로 출발했다. 거기서 기차를 타면 며칠 안에 시안에 도착할 수 있었다. 아이들은 이전에 기차를 타는 건 고사하고 본 적도 없었다. 기차가 엔진의 시동을 걸고 요란한 기적을 울리자 아이들은 겁을 먹고 도망쳤다. 결국 수레 밑에, 통 속에, 문 뒤에 숨어 있던 아이들을 모두 끌어내 겨우 기차에 태웠다.

기차는 허난(Henan) 성의 샨초우(Shanchow)에서 멈췄다. 짐꾼이 소리를 질렀다.

"모두 내리세요. 이 기차는 더 이상 가지 않습니다. 모두 기차에서 내리세요."

"더 못 간다고요? 하지만 선로가 계속 이어지잖아요?" 내가 따지듯이 물었다.

"잘 들어봐요, 아줌마." 그는 참을 수 없다는 듯 내뱉었다. "저 선로는 강을 따라 이어지는데 강 건너편에 있는 일본군들이 강폭이 좁아지는 곳에서 기차를 기다렸다가 총격을 가한단 말이에요. 아시겠어요?"

"그럼 우리는 어떻게 하죠?"

"당신들은 여기서부터 걸어가야 합니다. 저기 산들이 보이죠? 저 산들을 넘어가면 다시 기차를 탈 수 있어요."

"저 산들은 수천 피트나 되는 데다 우리는 아이들이 대부분이에요. 게다가 이미 지쳐 있는데 어떻게 넘어가란 말이에요?"

"그걸 내가 어떻게 알겠소? 차라리 역장님을 만나 보시오."

나는 역장에게 간청했다.

"역장님, 무슨 방도가 없을까요? 제게는 백 명이나 되는 아이들이 있답니다. 여기까지 오는 데도 20일이 걸렸고 아이들은 지쳐서 저 산을 넘기란 불가능합니다."

"미안하지만 다른 방법이 없습니다. 이 기차는 더 이상 가지 않으니 당신들은 모두 여기서 내려야 합니다. 오늘 밤은 일단 저쪽 오두막에서 머무시죠. 다른 피난민들이 먹을 것을 제공할 겁니다."

"역장님, 부탁입니다. 우리가 시안까지 갈 수 있는 다른 방법이 있을 거예요. 좀 알아봐 주세요."

"부인, 중국에는 당신들 말고도 수백만의 피난민이 있습니다."

"하지만 여기는 다 어린 아이들뿐이잖아요!"

"부인, 저로서는 도와드릴 방법이 없습니다. 더 가야 한다면 산을 넘는 수밖에 없습니다. 그 길도 지금으로선 유일한 통로입니다. 대신 군인 두 명을 붙여드리겠습니다. 당신들이 안전하게 산을 넘어갈 수 있게 도와줄 겁니다."

"산을 넘어가는 데 얼마나 걸릴까요?"

"내일 아침 일찍 출발하면 이틀 안에 퉁콴(Tungkwan)에 다다르겠네요."

나는 맞은편에 솟은 산을 올려다보았다. 정상 부근은 구름에 가려 보이지 않았다. 한참을 보고 있자니 구불구불한 노새길이 희미하게 나타났다.

"감사합니다." 내가 말했다. "다른 길이 없다면 어쨌든 그 길로 가보겠습니다. 내일 새벽에 출발 준비를 마치겠습니다."

나는 그날 밤 잠을 못 이뤘다. 우리 앞에 놓인 여정은 건강한 사람들에게도 혹독할 게 분명했고, 아이들 일부는 이미 병들어 있었다. 하지만 어쩔 도리가 없었다. 우리는 돌아갈 수 없었고 그렇다고 여기 머무를 수도 없었다. 어떤 수고를 치르더라도 나는 아이들을 안전한 곳으로 데려가야 했다.

여정은 우리가 이제까지 왔던 것보다 훨씬 험했다. 산길은 가파른데다 곳곳이 낭떠러지였다. 우리는 흔들거리는 바위를 타고 오르기도 하고 가파른 경사길을 미끄러져 내려가기도 했다. 한마디로 그것은 악몽이었다. 군인들이 없었다면 아이들 가운데 많은 수를 잃었을지도 모른다. 우리는 아이들이 여기저기서 끊임없이 미끄러지는 것을 지켜보아야 했다. 군인들과 나는 아이들 하나 또는 둘을 항상 안고 가야 했으며, 다른 아이들한테는 계속 앞으로 가라고 재촉해야만 했다.

우리는 민둥산에서 찬바람을 맞으며 잠을 잔 후, 그 다음날 하루 종일 걸어 저녁나절에야 퉁콴에 도착했다. 그곳에 기차역이 있었다. 우리는 너나할 것 없이 기뻐했다. 하지만 역무원은 고개를 저었다.

"기차는 더 이상 가지 않습니다. 너무 위험해요."

"그러면 우리는 어떻게 해야 하나요?" 나는 절망적으로 울부짖었다. "샨초우에서 산을 넘어 여기까지 왔습니다. 그 전에는 양청에서 20일을 걸었고요. 우리는 장 부인의 고아원이 있는 자유 중국으로 가야 합니다. 여기 있는 아이들 모두 거기만 생각하며 여기까지 왔는데, 더 이상 갈 수 없다면 어떻게 해야 하나요? 이제 제 아이들은 더 걷지도 못해요. 병에 걸린 아이들도 많고요."

역무원이 난감한 표정으로 아이들을 바라보았다.

"만약에 제가 당신을 돕는다면, 제가 하라는 대로 하실 수 있겠습니까?"

"물론입니다. 아이들이 여기서 무사히 나갈 수 있다면 말이에요."

"이 일은 전적으로 당신이 어떻게 하느냐에 달렸습니다. 아시겠죠?"

"예, 그럼요."

"그러면 당신을 믿고 말씀드리겠습니다. 제 얘기는 다른 사람에게는 비밀입니다."

역무원이 내게로 몸을 기울이며 속삭이듯 말했다.

"내일 새벽 동이 트기 전에 기차가 한 대 지나갈 겁니다. 석탄을 싣고 후아시안(Huaxian)으로 가는 화물차입니다. 하루에 단 한번뿐이죠. 그걸 타십시오. 기차가 강폭이 좁아지는 곳을 지날 때면 가끔씩 일본군이 총격을 가하기도 합니다만, 항상 그러지는 않습니다. 다만, 기차에서 사람이 보이거나 목소리가 들린다면 상황은 달라지겠죠. 그러니 아이들더러 몸을 숨기고 조용히 있으라고 해야 합니다. 이것은 전적으로 당신이 어떻게 하느냐에 달렸습니다."

"그렇게 하겠습니다. 감사합니다."

역무원이 떠나며 나에게 복을 빌어주었다.

"행운을 빕니다. 당신의 용기를 칭찬하고 싶소."

우리는 벌판에서 잠을 청했다. 작은 아이들이 잠이 들 때쯤 나는 수알란과 다른 큰 아이들을 따로 불렀다.

"잘 들으렴. 너희는 오늘 무슨 일이 있었는지 잘 알거야. 어쩌면 오늘과 내일이 가장 중요한 날이 될지도 몰라."

아이들은 말없이 듣기만 했다.

"동생들은 모두 재우도록 하고, 절대로 소리를 내면 안 된다. 아이들 소리가 나면 일본군이 우리에게 총을 쏠지도 몰라. 너희들도 잠시 눈을 붙였다가 내가 깨우면 동생들을 업고 석탄이 실린 화물

칸 위에 올라타야 한다."

"동생들이 깨서 울면 어떻게 해요?"

"지금은 너무 지쳐 있어서 우리가 조심하면 잘 깨지는 않을 거야. 그리고 아이들이 깰 때쯤이면 우리는 위험에서 벗어나 있을 거고. 알겠지?"

"알겠어요. 아이 웨 더."

"그럼 이제 가서 자라. 출발 시간이 되면 너희를 깨워줄게."

"아이 웨 더도 좀 주무세요. 계속 못 주무셨잖아요?"

"그래 나도 잠깐 눈을 붙이마."

"며칠 동안 많이 아프셨잖아요. 좀 쉬셔야 하는데, 우리들 때문에 먹지도 못하고 쉬지도 못하셨어요."

"괜찮아. 주님이 도와주실 거야. 그리고 금방 시안에 도착할 텐데 그때 쉬면 되지. 이제 가서 자렴."

나는 맨 땅에 드러누웠다. 뼈 마디마디가 아팠다. 하지만 마음은 나를 향한 아이들의 사랑 덕분에 편안했다. 나는 수많은 별들이 낮게 깔린 하늘을 바라보며 기도했다.

"하나님, 저에게 힘을 주십시오. 이 아이들이 보살핌을 받을 수 있는 안전한 시안까지 갈 수 있도록 도와주십시오."

몇 시간이 지난 후에 나는 큰 아이들을 깨워 아직 잠들어 있는 어린 아이들을 차례로 안아서 석탄이 실린 화물칸 위에 살짝 내려놓게 했다. 딱딱한 석탄 덩어리도 그 아이들을 깨우지 못했다. 오랜 행군과 노숙으로 워낙 지쳐 있던 아이들이라 완전히 녹초가 되어 있었기 때문이다.

기차가 출발하고 나는 긴장한 채 석탄 더미 위에 누웠다. 다른 아이들도 몸을 낮추고 숨을 죽였다. 총성은 울리지 않았다. 마침내 어린 아이들이 잠에서 깨어났을 때 우리가 탄 기차는 안전 지역을 달리고 있었고, 석탄 먼지를 뒤집어 쓴 서로의 새카만 얼굴을 쳐다보며 웃었다.

"너 얼굴이 진짜 웃긴다." 아이들이 깔깔댔다. "밤새 새카맣게 됐구나."

잠시 동안이지만 아이들은 모든 걸 잊고 진짜 아이들의 모습으로 돌아갔다.

우리는 다시 기차에서 내려 더러워진 옷차림 그대로 걸음을 옮겼다. 이것이 마지막 여정길이길 기대하면서. 시안까지는 사흘이 걸린다고 했다. 우리는 군인들이나 마을 사람들에게서 음식을 얻어먹으며 밤이 되면 길에서 잤다. 기운을 내기 위해 노래를 불렀고, 노래를 부르다 그것마저 힘들면 잠시 쉬어 갔다. 그렇게 사흘을 걸어 마침내 우리 앞에 시안이 나타났다. 빛나는 천국 같다는 생각이 들었다.

우리는 마지막 힘을 내 걸음을 옮겼다. 하지만 더 이상 앞으로 나갈 수 없었다. 성문이 닫혀 있었고 문지기는 문을 열어주기를 거부했다. 간청했지만 냉정히 거절당했다.

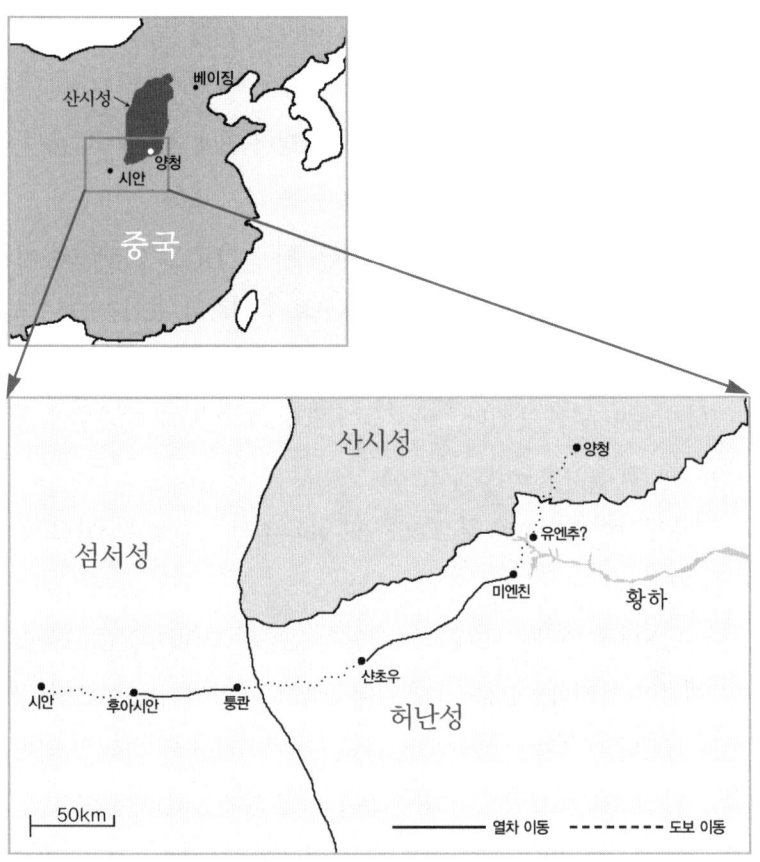

글래디스 에일워드가 아이들과 함께 양청에서 시안까지 이동한 경로

"여기로 들어올 수 없소." 문지기가 소리쳤다. "피난민들에게는 문을 열어줄 수가 없소. 지금도 너무 많아요. 먹을 것조차 없단 말이오. 다른 데로 가보시오."

"우리는 이리로 오라는 연락을 받았습니다. 이곳까지 27일이나 걸려 왔어요. 그러니 들여보내주세요."

이제 마지막이라고 생각했는데 예기치 못한 장벽에 부딪히자 실망이 너무 컸다. 성벽을 둘러보았지만 문마다 굳게 닫혀 있었다. 이제 어떻게 해야 하나? 어디로 가야 하나?

그때 누군가가 우리를 불쌍히 여겼는지 푸펭(Fufeng)에 있는 사원에 가면 아이들이 보살핌을 받을 수 있을 거라고 했다. 푸펭은 기차로 하루면 갈 수 있는 곳이었다. 게다가 그곳에 장 부인이 세운 고아원 하나가 있었다.

이때쯤 나는 병세가 심해져서 무슨 일이 있었는지 기억을 하지 못했다. 아마도 기차를 타고 갔을 것이다. 고아원에 도착했을 때는 우리를 위한 음식과 침대가 마련되어 있었다. 아이들은 마침내 안전해졌다. 나의 일도 끝났다.

다음 날 아침, 나는 아이들을 불러놓고 말했다.

"지금까지 하나님이 우리에게 베푸신 모든 사랑에 감사드리자." 우리는 한 목소리로 "여호와는 나의 목자시니 내가 부족함이 없으리로다"라고 외쳤다. 그런 다음 나는 아이들에게 일일이 작별 인사를 했다.

고아원 사람들이 나에게 며칠 쉬면서 몸을 추스른 후에 가라고 했지만, 내 마음이 너무 분주했다. 머물러 쉬기에는 해야 할 일이 많다고 생각했다.

"하나님이 저를 돌보실 거예요." 나는 이 말을 되풀이하며 마을

험난한 여정 끝에 시안에 도착한 아이들

로 떠났다.

그 후에는 무슨 일이 있었는지 기억이 없다. 얼마나 지났을까. 정신이 들었을 때 나는 시안의 병원에 누워 있었다. 시간이 지나면서 나에게 무슨 일이 일어났었는지 차츰 기억이 났다.

나는 어느 마을에 들어갔다. 그곳에서 복음을 전하려다가 정신을 잃었다. 나를 알아보는 사람이 없었고, 한 소년이 미국인 선교사에게 알렸다. 마침 소 달구지를 갖고 있던 선교사는 나를 거기에 실어 선교관으로 데려왔다. 이틀 후에 시안 병원에서 의사가 왔고, 의사는 나를 진찰하더니 고개를 저었다.

"가망이 없군요. 폐렴과 발진티푸스에 걸려 있어요. 이 여자가 누군지 아십니까?"

"전혀 모릅니다. 우리가 이곳에 데려온 후로 한 마디도 안 했어요."

"혹시 병원에 데려가면 살 수 있을지도 모릅니다. 거기까지 좀 멀긴 해도 밤에 출발하는 가축을 실은 화물 열차를 이용하면 그녀를 침대에 눕힌 채로 데려갈 수 있습니다."

나는 가축을 실은 화물 열차에 실려 이송되었다. 생면부지의 그들은 열차로 이동하는 내내 침대 옆에 무릎을 꿇고 앉아 침대가 흔들리지 않도록 꽉 붙들었다. 시안에 도착했을 때 그들은 내가 살아나리라고 거의 기대하지 않았던 것 같다. 그때 느닷없이 내가 찬송을 부르기 시작했다. 사람들은 깜짝 놀랐다. 나는 찬송을 부른 뒤에는 기도를 했고 기도를 마친 뒤에는 탕자에 관한 설교까지 했다. 내가 북쪽 지역의 사투리를 심하게 써서 무슨 말을 하는지 다 이해하지는 못했지만, 그들은 내가 분명 중국인이라고 믿었다.

시안의 병원에서 의사들은 나를 살리기 위해 무척 애를 썼다.

"그녀는 이미 오래 전에 죽었어야 합니다." 의사가 말했다. "그녀는 열병에다가 폐렴, 발진티푸스를 앓고 있고, 영양실조와 탈진이 겹쳤습니다. 그밖에도 다른 몇 가지 질병에 감염된 상태입니다."

나는 의식이 거의 없는 상태로 말도 하지 못했고, 한 달간 병원에 누워 있었다.

몸이 어느 정도 회복될 즈음 중국인 전도자 루가 기적처럼 병원에 나타났다. 양청으로 오다가 스파이 혐의로 체포됐던 루는 고생 끝에 풀려났고 이후로 줄곧 나와 아이들을 찾아 다녔다고 했다.

중국인 목사와 함께 병원에 온 루는 내가 아직 살아 있는 걸 확인하고는 뛸 듯이 기뻐했다.

"이분은 북중국의 양청에서 왔습니다." 루가 의사와 간호사들에게 말했다.

"그런데 어쩌다가 수백 마일이나 떨어진 이곳 시안에 온 거죠?"

"일본군을 피해 아이들을 안전한 곳으로 데리고 왔어요."

"이름이 뭡니까?"

"저는 중국 이름만 알고 있습니다. 아이 웨 더라고 합니다. 양청에서 같이 온 남자 아이가 있는데 그 아이가 이분의 책을 가지고 있습니다. 주머니에 항상 넣고 다니죠. 영어책인데 거기에 적혀 있을 겁니다."

그들이 찾아낸 영어책에는 영어로 이런 글이 적혀 있었다.

"이모 베시가 글래디스에게."

모두들 놀란 눈으로 나를 쳐다보았다. 내가 중국인이 아니라는 건 상상도 못했던 일이었나보다.

12. 청진기

내가 병원에 얼마나 오래 누워있었는지는 잘 모르겠다. 발진티푸스로 인해 기억 장애가 생긴 탓이었다. 그래서 그 다음 두 해 동안의 기억이 흐릿하다.

병원측에서 나에게 더 이상 해줄 것이 없다고 판단했을 때, 내 육신은 심하게 손상되어 있었고 정신적으로는 그보다 훨씬 안 좋은 상태에 있었다.

나는 걷지 못했고, 피셔(Fisher) 부부가 메이 세인(Mei Shein)에 있는 선교관 내 그들의 집으로 나를 데려갔다. 희미한 기억으로도, 그 두 부부가 나를 얼마나 극진히 간호했는지 알고 있다. 피셔 부인은 숙련된 간호사 출신이어서 내가 육체적으로 그리고 정신적으로 적정한 단계까지 회복하도록 도와주었다.

그들의 집을 떠난 다음에는 몇 달 동안 푸펑에 있는 국가 교회 소유의 선교관에서 지냈다. 내가 데려갔던 아이들이 그 고아원 소속으로 되어 있었기 때문이다. 나는 원하는 때면 언제든지 그 아이들을 볼 수 있었고 그 아이들도 나를 방문할 수 있었다. 나는 마을로 나가 복음을 전했다. 하지만 아이들이 다시금 나와 함께 지내기를 원해서 시안으로 옮겨갔다.

중국인 전도자 창치니(Chang Tsi Ni)는 예전에 가난한 크리스천들을 고용하려고 공장을 운영했었다. 하지만 이제는 나이도 많고 병까지 들어 공장은 비어 있는 상태였다.

나는 그 공장 뒤편의 방 하나를 얻어 열네 명의 아이들과 함께 지냈다. 아이들 중 몇은 제법 성장해 살림에 힘을 보탤 수 있었다. 열두 살이 된 여자 아이들은 바느질감이나 옷수선 일을 가져왔고, 일정액의 수고비를 받았다. 남자 아이들도 매일 밖으로 나가 짐을 나르거나 다른 일들을 했다. 그 당시 아이들이 가져오는 얼마 안 되는 돈도 우리에게는 큰 힘이 되었다.

아이들과 함께 지내면서 기도 응답을 받았던 놀라운 경험을 하나 소개하겠다. 추엔(Chu En)은 일본군에 의해 살해당한 중국인 크리스천 목사의 아들이었다. 그의 어머니는 다섯 아이들과 함께 피신하려 했지만 심각한 병에 걸린 상태로 양청의 강둑에 머물고 있었다. 나는 그녀를 보살펴달라는 부탁을 받았지만 손을 쓰기에는 너무 늦었다. 그녀는 다음 날 죽었고 우리는 고아가 된 다섯 아이들을 데리고 왔다.

그 중에 추엔은 내가 입양을 했고, 다른 네 아이들도 중국인 크리스천 가정에 하나씩 맡겼다. 추엔은 늘 말이 없는 편이었고, 공부에 대한 열의가 높았다. 명민하기도 했거니와 함께 지내면서 말썽을 일으키는 법이 없었다. 산을 넘어 시안으로 향하던 그 끔찍한 여정을 떠나기 전까지 우리는 그렇게 2-3년을 함께 지냈다. 그리고 그 때쯤 추엔은 자기 가족 중에서 유일한 생존자였다. 누이 하나는 결핵으로 죽었고, 다른 두 아이는 공습 때 사망했고, 동생은 소위 '어린이 군대'에 들어갔다가 전투 중에 전멸한 부대 전체와 함께 죽고 말았다.

이런 끔찍한 경험 때문인지 추엔은 또래 아이들에 비해 진지하고 사려 깊은 아이로 성장했다. 나는 그 아이가 학교에 가서 공부하기를 바랐지만 대가족을 부양해야 하는 나로서는 그럴 만한 재정적 여유가 없었다.

그러다가 우리가 시안에 갔을 때 충(Tsung)이라는 의사 한 분이 추엔을 눈여겨보고 자기 집에 데려가 공부를 시켜주겠다는 제안을 했다. 나는 기쁘게 그 제안을 받아들였고 추엔은 충 박사와 함께 예난(Yenan) 외곽의 그의 집으로 갔다.

추엔이 중국의 큰 명절인 설을 지내기 위해 돌아온 것은 거의 일 년이 지난 후였다. 그는 키가 부쩍 자라 있었고, 더 진지하고 공손했다. 추엔을 '내 아들'이라고 부르자니 가슴이 벅차올랐다.

충 박사 집으로 돌아가기 전날 밤, 추엔은 가능하면 빨리 양청으로 돌아가고 싶다고 조용히 말했다. 나는 예상치 못한 추엔의 말에 놀랐다.

"그래선 안 돼, 추엔." 나는 단호하게 말했다. "거기 돌아가선 안 돼. 우리가 알았고 사랑했던 양청의 모든 것이 이제는 무너져버렸잖니. 그곳은 더 이상 우리의 고향이 아니야. 게다가 지금 양청은 일본 점령지여서 그리로 들어갈 방법도 없어."

나는 그것으로 문제가 일단락된 줄 알았다. 추엔은 다음 날 충 박사에게로 돌아갔다. 3개월이 지난 어느 날 밤, 잠을 청하려는데 밖에서 인기척이 났다. 나는 문을 열고 "누구세요?"라고 물었다.

"저예요. 추엔."

"추엔이라고? 어떻게 여기를… 무슨 문제가 있었니? 도망친 거야?"

"아니에요. 아무 문제도 없어요. 고향으로 돌아가는 중이에요."

"추엔. 그 문제는 지난 설 때 얘기가 다 끝난 거라고 생각했는데."

"끝낸 건 어머니셨죠. 어머니만 말씀하셨잖아요? 전 그날 아무 말씀도 드리지 않았어요."

"그렇긴 하지. 하지만 그렇다고 네가 거길 가선 안 된다는 사실이 바뀌지는 않아."

"어머니는 처음 중국에 오려고 했을 때가 기억나세요? 하나님이 어머니를 중국에 보내고 싶어하신다는 걸 알았을 때 말이에요."

"물론 기억나지. 하지만 넌 그때 일을 모르잖니?"

"알아요. 하나님께서도 제게 같은 말씀을 하셨으니까요. 하나님은 제가 양청으로 돌아가기 원한다고 말씀하셨어요. 거기서 해야 할 일이 있다고 하셨어요. 저는 그 말씀에 순종할 뿐이에요."

그렇게 말하는 추엔을 의심하거나 말릴 수 없었다. 이제 내게 남은 일은 추엔을 돕고 기도해 주는 것뿐이었다. 나는 추엔에게 필요한 바지와 신발을 놓고 기도했다. 난 몰랐지만, 추엔은 다른 걸 놓고 기도했다.

며칠이 지나도 하나님은 내 기도에 응답하지 않으셨다. 바지도 신발도 다른 아무것도 구해지지 않았다. 열흘쯤 지났을 때 추엔이 말했다.

"어머니는 저한테 필요 없는 것 때문에 염려하고 계세요. 저한테 진짜 필요한 걸 위해 기도해 주세요."

"너한테 신발하고 괜찮은 바지가 필요한 거 아니니?"

"양청에서 올 때도 신발은 없었어요. 그러니 그때와 똑같이 돌아갈 수 있어요. 그리고 지금 이 바지도 입고 다니는 데 별 문제 없어요."

"그러면 무엇을 위해 기도해 주면 좋겠니?"

"청진기요."

"청진기라. 그게 대체 뭐니?"

"양 끝은 귓속에 넣고 다른 끝으로 사람들의 몸속을 들을 수 있는 기구죠."

"하지만 내가 그런 물건을 어디서 얻을 수 있겠니?"

추엔은 고개를 저었다.

"저도 모르겠어요. 하지만 하나님은 아시죠."

내 생각으로는 거의 구할 수 없을 거라고 판단한 그 청진기를 위해 우리는 함께 기도했다. 그렇게 일주일이 또 지나갔다. 그리고 어느 날 거리에서, 얼마 전 교회에 갔다가 본 적이 있는 한 나이든 피난민 여자를 만났다.

"혹시 지난 주일에 피난민 교회에서 뵙지 않았나요?"

"네, 저도 거기 있었어요."

"어디를 그리 바쁘게 가세요?"

"집에 솥단지를 불 위에 올려놓고 나와서요. 저희 집에 가서 얘기하실래요?"

우리는 그녀의 작은 오두막집에 들어갔다. 솥에 든 음식물을 젓는 동안 나는 의자에 앉아 있었다.

실내의 흐릿한 등잔불에 눈이 익숙해질 때쯤, 한쪽 구석에 이상하게 생긴 빨간 색 나무상자가 눈에 띄었다. 내가 유심히 보고 있자니 그녀가 눈치를 채고 말했다.

"저 상자요? 수초우(Suchow)에서 피난올 때 가져온 거예요. 저한테는 너무 귀한 거라 오는 내내 품에서 내려놓지 않았답니다."

"안에 뭐가 들었는데요?"

"열어보지 않아서 저도 몰라요."

"귀한 거라면서요? 아주머니 물건이 아닌가요?"

"제가 아는 어느 숙녀분의 물건이에요."

"그분이 누군데요?" 내가 궁금한 표정으로 물었다.

"그분은 어느 날 우리 마을에 와서 예수님에 대해 이야기해 주셨어요. 정말 사랑스럽고 친절한 분이죠. 일본군이 쳐들어왔을 때 마을 사람들이 그분을 지켜야겠다고 생각했어요. 그래서 동굴에 피신시키고 숨겨주었죠. 하지만 그분이 사용하던 이 상자를 미처 치우지 못한 거예요. 집에 그냥 놔두면 안 되겠다 싶어서 제가 따로 보관하고 있었는데, 우리가 피난 나오던 날까지 만날 수가 없었어요."

"제가 그 상자를 열어봐도 될까요?"

"안 됩니다. 저 상자에 대해서 좀 아시나요? 당신이 그분과 무슨 관계가 있나요?"

"그럼요."

"어떤 관계가 있지요?"

"그분과 10촌간이에요." 이것은 같은 이름을 가진 중국인들이 서로의 관계를 따질 때 종종 하는 얘기다. 그녀가 나를 유심히 쳐다보았다.

"그래요. 당신은 그분과 약간 닮았군요."

나는 고개를 끄덕였다. "우리는 모두 서로 닮았어요. 같은 나라에서 왔을 뿐만 아니라 같은 일을 하고 있죠."

"좋습니다. 그럼 상자를 열어 보시죠."

상자 안에는 이상한 물건들이 들어 있었다. 음식물은 상했고, 낡은 옷가지와 책 몇 권, 그리고 그 밑에는 조그만 가죽 상자가 들어 있었다. 상자를 열어 펼쳐보고는 내 눈을 의심했다. 한쪽 칸에는 체온계, 핀셋, 가위가 들어 있었고 다른 쪽 칸에는 우리가 기도하고 있던 청진기가 들어 있었다.

나는 떨리는 손으로 그것을 집어들고 말했다. "이걸 가져가도 되겠어요? 나머지 물건들은 나중에 다시 와서 어떻게 할지 결정할게요."

그녀는 내 손에 있는 이상한 물건을 보면서 고개를 끄덕였다.

"당신은 그분의 친척이니까, 그 이상한 물건이 쓸모가 있다면 가져가세요. 다른 사람들한테는 별 소용이 없을 테니까요."

나는 한걸음에 집으로 달려와 추엔의 눈앞에 청진기를 내보이며 흔들었다.

"하나님이 우리 기도를 들어주셨어."

추엔은 청진기를 받아들고 꼭 끌어안으며 말했다.

"이제 하나님이 저더러 양청으로 돌아가기 원하신다는 걸 믿으시죠?"

다음 날 추엔은 양청으로 떠났다. 낡은 바지와 맨발 차림으로 조그만 보따리에 귀중한 청진기만을 넣고서. 나는 그날 이후로 추엔을 만나지 못했다.

3개월쯤 지났을 무렵 글귀가 적힌 쪽지를 받았다.

"저는 잘 있습니다. 평안하시죠? 여호와를 찬양하라, 할렐루야!"

이름도 주소도 적혀 있지 않았지만, 추엔이 보냈다는 걸 단번에 알았다.

다시 3개월이 지나서 똑같은 쪽지를 받았다. 그후 공산주의자들이 산시에 들어왔고 소식은 끊어졌다. 나는 추엔이 다른 많은 이들처럼 자기 믿음을 지키려다 목숨을 잃었다고 생각했다.

18개월쯤 지났을 때 양청 사투리를 쓰는 한 사람을 만났다. 그는 내게 복음에 대해 말해달라고 했다.

"왜 저한테 이런 부탁을 하시죠?"

"듣기로는 당신들이 전하고 다니는 복음이 마음에 평화와 기쁨을 준다고 하던데요?"

"어디서 그런 얘길 들으셨나요?"

"양청에 있을 때 강에서 사람들이 세례를 받는 것을 본 적이 있습니다. 아홉 명 쯤 되었어요. 그건 공산주의자들이 금지한 일이었거든요. 그래서 그런 용기가 어디서 났느냐고 묻자 자기들 마음에는 그리스도가 있다는 거예요."

"전도하는 사람도 없을 텐데 그 사람들은 어떻게 세례에 대해서 알게 되었을까요?"

"거기 젊은 친구 하나가 있어요. 이상한 기구를 가지고 사람들 몸속에서 무슨 일이 일어나는지 다 알더라고요. 참 지혜로운 청년이죠. 그가 사람들에게 예수님에 대해 말해 주었다는군요."

　대적의 핍박과 위협 속에서도 추엔은 사람들에게 생수를 전해 주고 있었다. 내 마음속에서 아직도 그리운 곳으로 남아 있던 그 양청에, 여전히 그리스도의 증인들이 남아 있었던 것이다. 언젠가 먼 훗날에 추엔이 그 청진기를 들고 어떻게 사람들을 도우며 고난의 시기를 견뎌냈는지 말해 주리라 기대하고 있다.

13. 이처럼 사랑하사

서로 다른 지방 언어를 쓰는 피난민들이 동쪽으로부터 시안으로 쏟아져 들어왔다. 그들 중에 산시 출신의 크리스천들인 웡(Wong) 부부와 쳉(Cheng) 씨가 있었다.

나는 이 세 사람들과 함께 우리가 무엇이든 해야 한다고 마음을 모았고, 창치니 소유의 비어 있는 공장을 교회로 사용하도록 허락을 받았다. 거기서 우리는 호폐, 호난, 샨퉁(Shantung, 산둥성) 등지에서 온 피난민들을 모아 복음을 전할 계획이었다.

우리는 그 모임을 독립교회(Independent Christian Church)라고 불렀다. 그렇다고 따로 떨어져 고립되지는 않았다. 인근에 조지 영(George Young)이 목회자로 있는 침례교회와 쉥(Sheng) 감독이 이끄는 영국교회가 있었는데 우리 세 교회는 완전한 연합체처럼 활동했다. 우리는 성령 안에서 하나였으며, 하나의 목적과 소망, 즉 하나님을 신실하게 섬기고 주변의 곤고한 심령들에게 복음을 전하겠다는 데 일치된 뜻을 품었다. 비록 호칭이나 표면적인 부분들은 달랐어도 분명 예수 그리스도 안에서 하나였다.

가령 피난민들이 침례교회나 영국교회로 가면, 우리는 그들을 빼앗겼다고 보지 않고 보다 수월하게 도울 수 있는 기회가 마련됐다고 보고, 그들을 좀더 자주 그리고 편하게 찾아갈 수 있었다. 세 교회 중 어느 하나가 집회를 열면 다른 교회들이 모두 참석해 서로에게 복을 빌어주기도 했다.

시간이 흐르면서 나는 함께 생활하던 대부분의 아이들을 마(Ma) 목사에게 인계했다. 건강상 그 아이들 전부를 돌보기도 어려웠을 뿐만 아니라 계속해서 밖에 나가 복음 전하는 일을 해야 했기 때문이다.

나의 몸은 조금씩 회복되고는 있었지만 여전히 병약한 상태였다. 그래서 다른 친구들의 도움을 받아야 했다. 조지 영 목사 부부와 병원 간호사인 메이어(Major) 양, 쉥 감독, 그리고 나인펜스를 비롯한 몇 아이들이 나를 보살펴주고 건강 회복을 위해 지속적으로 기도해 주었다.

몸이 쇠약해진 탓인지 나는 무엇을 잘 잊어먹거나 부주의하여 실수할 때가 많았다. 그나마 복음을 전할 때는 집중력을 잃지 않았지만 그밖에 다른 일에서는 엉성함과 부족함을 드러냈다. 쉥 감독은 그런 나를 위해 관심과 수고를 아끼지 않았다. 나는 그에게 큰 빚을 졌다. 나이는 나보다 조금 어리지만, 그는 마치 아버지처럼 말하듯 했고 내가 일상생활에서 정상적인 수준으로 차츰 회복되도록 애써주었다.

산시를 점령했던 일본군이 결국 쉔시까지 진입중이라는 소식이 들렸다. 우리는 시안에서 빠져나와 바오치(Baoji)로 갔다. 그전까지 작은 마을에 불과했던 바오치는 갑작스런 피난민들의 홍수에 마치 버섯이 밤새 훌쩍 커버리듯, 거대 도시로 변모했다. 이곳에서 나는 다시 피셔 부부가 있는 펑시안(Fengxian)으로 이동했고, 거기서 주변 마을들을 다니며 피난민을 상대로 복음을 전했다.

그곳에서 알게 된 젊은이들의 모임에서 연락이 왔다. 집회를 열 계획인데 와서 개척사역에 대한 강의를 해달라는 부탁이었다. 그곳 본부에 갔다가 그 모임이 카이펑(Kaifeng)에서 왔다는 걸 알았다. 그들은 대부분 대학생 신분이었으며 일본군에 의해 강제로 쫓겨났다고 했다. 뿔뿔이 흩어진 학생들 가운데 60명 정도가 함께 모여 여건이 허락되는 대로 공부를 계속해 왔다. 그들은 피난 때 학교에서 의자와 책상, 교과서와 그밖의 물품들을 가지고 왔으며, 지역을 옮겨 다니는 동안에도 학업을 멈추지 않았다. 그러다가 펑시안에 정착했던 것이다.

나는 병세가 다시 악화돼 예정된 강의를 진행하지 못했다. 본부에서 마련해준 숙소 침대에 드러누워 시름시름 앓으며 고민에 잠겼다. '왜 하나님은 나를 여기 낯선 사람들에게로 이끌어 오셨을까? 여기까지 와서는 이게 뭐람? 이 모든 게 헛고생으로 끝나는 건 아닐까?' 며칠이 지난 어느 날 옆방에서 중얼거리는 소리가 났다. 그것은 마치 기도 소리처럼 들렸다.

침대에서 기어 나와 옷을 걸치고 무슨 일인지 알아보려고 옆방으로 갔다. 열린 문틈으로 열다섯 명 가량의 학생들이 가운데에 지도를 펼쳐놓은 채 무릎을 꿇고 있는 게 보였다. 그러다가 한 사람이 앞으로 나와 눈을 감고 손가락을 지도에 갖다 댔다. 어릴 적 내가 아이들과 그와 비슷한 놀이를 했던 기억이 났다. 그 다음 그가 눈을 떠 자기 손가락이 가리키고 있는 곳의 지명을 큰 소리로 읽으며 "이곳에 관해 아는 사람 있나요?" 하고 물었다. 누군가 그 지역에 대해 알고 있다면 아는 정보를 함께 나눈 후에 그 지역을 놓고 통성으로 기도를 했고, 다시 한 사람이 앞으로 나와 처음부터 똑같은 일을 여러 차례 반복했다. 그렇게 그들이 잘 알지 못하는 지역들을 놓고 차례로 기도하는 동안 나는 멍하니 바라보고만 있었다.

나는 모임이 끝난 후에 학생들에게 물었고, 그들이 북서부 지방을 마음에 두고 그곳의 여러 지역들을 위해 날마다 기도하고 있음을 알았다. 3주 동안 그곳에 머물면서 나는 대부분의 시간을 침대에서 보냈다. 그러다가 다시 그 이상한 기도 집회가 열리는 날에 이렇게 물었다.

"여러분이 기도하는 그 지역에는 누가 갈 예정인가요?

"우리는 아직 학업을 끝마치지 못했기 때문에 당장은 가지 못합니다. 게다가 자금도 없고 그 지역에 대한 정보도 아는 바가 없어요. 그래서 지금은 누군가 그곳에 가서 그 지역을 정탐하고 올 사람이 생기도록 특별 기도를 하고 있습니다."

이틀이 지났을 때 나는 하나님께서 내가 그 미지의 땅으로 가기를 원하고 계신다고 확신하기에 이르렀다. 나는 그 열정적이고 사랑스런 젊은 크리스천 모임을 위해 헌신하기로 결정하고, 며칠 후 그들의 기도와 축복 속에 길을 떠났다.

도시에서 한참을 벗어나자 아름다운 풍광이 펼쳐졌다. 며칠 동안 별다른 일 없이 여유롭고 유쾌한 여정이 계속됐다. 도중에 여러 사람들을 만났는데 가면 갈수록 언어가 달라져 대화를 나누기가 점점 힘들어졌다. 게다가 길은 점점 더 험해지고 오지로 이어지는 탓에 한 마을에 이르러서는 다음 마을까지 안내해줄 사람을 힘들게 구해야 했다. 그렇게 북서쪽으로 힘겨운 여정을 계속한 끝에 친추이(Tsintsui)라는 곳에 이르렀다.

그곳에도 친절한 크리스천들이 있었다. 나는 그들의 도움으로 하루이틀 신세를 졌다. 그러다 이제 나서야겠다고 생각해 길을 묻자, 모두가 한결같이 나더러 돌아가는 게 좋겠다고 했다.

"더 이상 못 갑니다. 여기가 끝이에요. 가봐야 아무것도 없습니다."

"여기가 세상의 끝이라고 생각하지는 않습니다. 저는 계속 가야 합니다. 그 때문에 제가 이곳에 온 걸요."

마을 사람들은 걱정스런 표정으로 고개를 저었다. 이때쯤 그들은 아마도 내가 좀 이상한 사람이라는 생각이 들었을 것 같다. 내가 뜻을 굽히지 않고 계속 길을 가겠다고 하자, 중국인 의사 한 명이 나와 닷새 동안 동행해 주겠노라고 제안했다. 그의 이름은 황(Huang)이었다. 그는 평소 호기심이 많은 편이었고 기회가 되면 자기 지역 밖으로 나가보겠다고 생각해 왔었다. 아주 많은 교육을 받은 것은 아니었지만, 그는 나와 함께 여행하며 대화를 나누었고 때로는 논쟁을 벌이기까지 했다. 토론 중에 그를 설득시키기 힘들다고 판단이 들면, 그에게 성경을 건네주었고 그는 우리가 논쟁을 벌인 문제와 관련해 내가 알려주는 성경을 진지하게 읽기도 했다.

원래 우리가 예정했던 닷새가 지나고 9일이 흘렀다. 우리는 계속 걸었으며 도중에 만나는 사람들과 이야기를 나누었다. 하지만 그들 중 어느 누구도 이전에 하늘에 계신 하나님과 그분의 아들 예수 그리스도에 대해 들어본 적이 없다고 했다.

열흘 째 되던 날 우리는 산지로 올라갔고 그날 밤은 낡고 지저분한 오두막에서 잤다. 다음 날 하루 종일 걸었지만 아무도 만나지 못했고 사람 사는 집도 찾지 못했다. 오후 늦게 불안해지기 시작했다. '오늘은 어디서 자야 하나? 음식을 구할 수 있을까? 이런 곳에 잘 알지도 못하는 남자와 단 둘이 있게 되었다. 다른 사람들을 만났으면

좋겠는데.'

나는 주위를 돌아보다가 불쑥 말했다. "황 선생님, 짐을 여기 내려놓고 기도를 하면 좋겠어요."

우리는 짐을 바닥에 내려놓고 무릎을 꿇었다. 내가 먼저 기도했다. "하나님, 자비를 베풀어 주세요. 우리에게 먹을 것과 오늘 밤을 지낼 거처를 마련해 주세요."

내 기도는 오늘 밤 당장 발등의 불이 된 나의 필요를 채워 달라는 내용이었다. 그 다음에 황이 조용히 기도하기 시작했다.

"하나님, 오늘 밤 우리에게 하나님이 준비하신 사람을 보내주십시오. 그 사람에게 예수님에 대해 말하겠습니다. 오늘 우리는 아무에게도 복음을 전하지 못했습니다. 하나님께서 복 주시고자 하는 사람을 만날 수 있도록 우리를 인도해 주십시오."

그의 기도를 들으며 나는 부끄럽고 미안해졌다. 나는 어떻게 하면 내 몸을 편안하게 할지에만 관심을 두고 있었고, 이 사람은 오로지 하나님 아버지의 사업에만 관심을 두고 있었던 것이다.

잠시 후 내가 말했다.

"우리 함께 찬송을 부를까요?"

우리는 앉아 찬송을 불렀고 우리의 노랫소리는 산지의 깨끗한 공기를 타고 사방으로 흘러갔다.

갑자기 황이 벌떡 일어나며 소리쳤다.

"저기 사람이 옵니다."

그는 내가 말릴 새도 없이 달려나갔다. 가파른 비탈을 오르더니 금세 사라졌다. 나는 그 황량한 산지에서 찬바람을 맞으며 내 자신이 아주 힘없고 연약한 존재임을 실감한 채 홀로 앉아 기다렸다. 얼마나 지났을까. 멀리 산중턱에서 두 개의 작은 점이 보였다. 황이 누군가와 함께 있었다. 그가 소리쳤다.

"어서 올라오세요. 우리가 찾던 사람을 만났습니다." 하지만 나는 굳은 돌처럼 앉아 있었다. 그리로 가려면 가파른 바위투성이의 비탈길을 기어서 올라가야 했기 때문이다. 결국 황이 내게로 와서 말했다.

"하나님은 분명 우리가 이곳으로 올라가기를 원하십니다. 함께 갑시다."

"우리 짐을 가지고선 저 길로 올라갈 수 없잖아요."

"그냥 여기 놔둡시다. 훔쳐갈 사람도 없을 테니."

황은 나를 반강제로 밀고 끌면서 산지를 다시 올라갔다. 거대한 바위 옆에 티베트 라마승려가 기다리고 있었다. 나는 눈을 동그랗게 뜨고 황을 쳐다보았다. 라마승이라면 여자들을 상대해선 안 되는 걸로 알고 있었는데 나를 만나려 하는 게 의아했다. 게다가 겉으로는 제법 고상해 보이는 그들도 알고 보면 부도덕하고 무지하고 미신에 빠져있다는 얘길 들은 터였다.

"저 승려에게 제가 여자라는 걸 말했나요?" 내가 물었다.

"말했습니다. 그런데도 그는 당신이 오늘 밤 라마 사원에서 묵어도 좋다고 했습니다. 오히려 왔으면 하고 바라던데요."

나는 망설였다. 우리 앞에 무슨 일이 기다리고 있을까? 왜 티베트 승려들이 자신들의 신성한 사원으로 나를 불러들일까?

"오늘 밤은 달리 갈 곳도 없습니다." 황이 사원이 있는 방향을 가리키며 말했다.

그때 승려가 불쑥 입을 열었다. 사투리 억양이 강했지만 무슨 말인지는 이해할 수 있었다.

"우리는 사랑의 하나님에 대해 말해줄 당신들을 오랫동안 기다려 왔습니다."

내 심장이 쿵쾅거리기 시작했고 우리는 더 이상 아무 말 않고 그를 따라 나섰다. 마침내 라마 사원이 눈에 들어왔을 때 나는 아름다운 풍광에 넋을 잃었다. 우리가 올라온 바위 투성이의 가파른 산지는 황량하고 노란 색을 띠고 있었는데, 사원이 자리한 곳은 물이 있어서 짙은 초록빛 풀과 아름다운 넝쿨 꽃으로 가득했다. 그 한 가운데에 사원이 우뚝 서 있었다. 사원으로 다가가면서 다시 두려워지기 시작했다. 커다란 문 안에 발을 들여놓자 문이 굳게 닫혔고 나는 이런 생각이 들었다.

"다시 밖으로 나갈 수 있을까?"

라마승 몇이 나타나 우리에게 공손하게 인사를 하고 나를 작은 방으로 안내했다. 황은 따로 어디론가 안내되었다. 남자들이 들락날락하면서 내가 편히 쉬는 데 필요할 만한 온갖 것들을 방에 들여

왔다. 호랑이 가죽 카페트, 방석, 씻을 물 등. 곧이어 맛있는 음식들이 접시에 담겨 계속 나왔다. 꿈을 꾸고 있는 것 같았다.

식사를 마치고 나자 피곤이 몰려왔다. 하루 종일 걸은 데다 사원에 오기 위해 간신히 산을 기어오른 탓이었다. 막 누워 쉬려는데 남자 둘이 문을 두드리고 들어와서는 함께 어디론가 가자고 공손히 청했다. 방을 나가면서 황을 만났고, 여러 개의 뜰을 지나 아주 큰 뜰이 있는 곳으로 안내되었다. 그곳에 코코넛 잎으로 만든 방석 500개가 반원 형태로 줄을 지어 있었고, 라마승들이 그 방석에 앉아서 경건하게 손을 포갠 채 고개를 숙이고 있었다.

우리는 그들 한가운데 비어 있던 두 개의 방석에 자리했다.

'우리더러 뭘 하라는 거지?' 나는 불안해졌다.

황이 입을 열었다. "이제 시작합시다. 노래를 불러주세요."

"무슨 노래요?"

"아무거나 좋습니다."

나는 떨리는 목소리로 로마서 8장의 내용을 담은 〈영광의 자유〉라는 찬양곡을 중국말로 불렀다.

노래가 끝나자 정적이 흘렀다. 잠시 후 황이 말하기 시작했다. 그는 베들레헴의 마구간에서 태어난 한 아기에 대해 말했고, 그 다음에는 갈보리에서 돌아가신 구세주에 대해 말했다.

"이제 다시 노래를 불러주세요." 그가 말했다.

내가 찬송을 부르면 그가 다시 말했고, 또 내가 찬송을 부르고 나면 그가 말을 이었다.

500명에 달하는 라마승들은 방석에 앉아 미동도 않은 채 귀를 기울였다. 고개를 숙이고 있어서 그들의 표정은 확인할 수 없었다. 갑자기 궁금해졌다. '이 모임이 밤새 계속돼도 저 사람들은 움직이지 않으려나?'

그와 달리 실신 직전까지 다다른 나는 나지막이 황에게 말했다. "더 이상은 힘들어요. 쓰러지겠어요."

"그러면 이제 끝내기로 합시다." 황이 대답했다.

우리는 일어서서 승려들이 모여 있던 큰 뜰을 점잖게 빠져나갔다. 나중에 알게 된 사실은 손님인 우리가 먼저 움직여야 그들도 움직일 수 있다는 것이었다. 우리의 청중들인 그 승려들은 예의를 지키려고 우리 앞에서 꼼짝도 않고 앉아 있었던 것이다.

막 잠자리에 들려고 할 때 다시 문을 두드리는 소리가 났다. 라마승 둘이 밖에 서 있었다.

"너무 피곤하지 않으시면 우리에게 좀 더 얘기해 주시겠습니까?" 그들이 공손히 청했다.

"제 방에 들어와도 괜찮다는 허락을 받으셨나요?"

"둘이 함께 간다는 조건으로 허락을 받았습니다."

그들은 내 방에 들어와서 진지하게 경청하다가 방을 나갔다.

몇 분 후에 두 사람이 또 왔고, 밤새도록 그런 식으로 그들이 찾아왔다. 그들은 매번 같은 질문을 던졌다.

"그분이 왜 그리고 어떻게 죽으셨는지 말씀해 주시겠습니까? 그분이 왜 우리를 사랑하시는지 설명해 주시겠습니까?"

그들은 하나님이 세상을 지으셨다는 것에 대해 한 번도 질문하지 않았다. 그들은 동정녀 탄생도 전혀 의심치 않았으며, 어떤 기적에 대해서도 못 믿을 것으로 여기지 않았다. 그들을 사로잡은 것은 다름 아닌 놀라운 하나님의 사랑이었다. 그리스도가 갈보리에서 십자가에 달려 죽으신 이야기는 그들에게 놀라움과 경이 그 자체였다.

다음 날 아침 라마승들이 사원에 모여 있을 때 나는 황을 만나 간밤에 있었던 일을 얘기했고, 우리 두 사람이 똑같은 일을 겪었다는 것을 알았다. 이곳에 하나님의 놀라운 구원 계획에 관한 아주 오래된 이야기에 진심으로 목말라 하는 사람들이 있었던 것이다.

우리는 그곳에서 일주일을 머물렀다. 그곳에 머무는 동안 라마승들은 수행이 없는 시간이면 수시로 찾아와 질문을 던졌다. 마침내 그곳을 떠나기로 결정한 마지막 날 밤에 우리는 원하는 사람들과 기쁘게 대화를 나누겠노라고 알렸다. 그리고 라마사원의 고승으로부터 호출이 왔다. 그는 일주일 만에 처음 보는 거였고, 나 혼자만 오라고 했다.

티베트 승려들은 보통은 중국의 변경지역 사람들이었는데, 나는 그렇게 큰 사원의 고승이라면 진짜 티베트 사람일 거라고 생각하여, 언어의 장벽을 어떻게 극복할지 염려가 됐다.

잘 생긴 남자 하나가 아름다운 쿠션 위에 앉아서 사람들의 시중을 받고 있었다. 놀랍게도 그는 내가 완전히 이해할 수 있는 만다린어(Mandarin Chinese of Peking)로 이야기했다. 우리는 여러 가지 주제를 놓고 대화를 나누었다. 그런 다음 내가 용기를 내어 물었다.

"왜 당신은 외국인, 그것도 여자인 저를 이 사원에 들이셨죠? 이 사원의 승려들에게 복음을 전하도록 허락한 이유가 궁금합니다."

"사연이 깁니다. 우리 사원 밖의 산 중턱에 감초가 자라는데, 해마다 이곳 승려들이 그것을 수확하여 도시에 가져다가 팝니다. 어느 해인가 승려들이 감초를 노새에 싣고 마을을 지나다가 한 남자를 만났습니다. 그가 종이를 흔들며 이렇게 외치고 있었습니다. '구원을 거저 드립니다. 공짜로 가져가세요. 누가 원하십니까? 누구든지 믿기만 하면 구원을 얻고 영원한 생명을 받습니다. 더 알고 싶은 사람은 예배당으로 오세요.'"

전혀 새로운 종교적 교리에 놀란 라마승들은 그가 전해 주는 종이 한 장을 가지고 사원으로 돌아왔다. 고승이 손으로 가리키는 벽 한쪽에 오래되어 누렇게 빛이 바랜 종이 한 장이 붙어 있었다. 요한복음 3장 16절 내용이 적혀 있는 평범한 전도지였다. "하나님이 세상을 이처럼 사랑하사 독생자를 주셨으니 이는 그를 믿는 자마다 멸망하지 않고 영생을 얻게 하려 하심이라."

그게 전부였다. 하지만 그것 때문에 그들은 '세상을 이처럼 사랑하시는 하나님'이 어디엔가 있다는 것을 알았다. 모두가 그것을 읽고 또 읽었다.

벽에 붙어 있는 그 전도지를 내가 읽고 나자 고승이 이야기를 계속 이어갔다.

"그 이듬 해에 승려들이 다시 감초를 가지고 도시로 내려갔을 때 사람들에게 '세상을 이처럼 사랑하시는 하나님'을 어디에서 만날 수 있는지 들었습니다. 하지만 그 후로 5년 동안은 더 이상 아무것도 알 수가 없었죠. 그러다가 전도지를 처음 받은 승려가 밖에 나가서 그 하나님에 대해 더 알아오겠다고 했습니다. 더 알기 전에는 돌아오지 않겠노라고 다짐까지 했습니다. 그를 포함한 승려들은 순례를 계속하다가 렌초우(Lenchow, 란저우)에 이르렀습니다. 거기서 그들은 중요한 사람으로 보이는 이를 길에서 만났고 그에게 물었습니다. '세상을 사랑하신다는 하나님이 사는 곳을 어디 가면 알 수 있습니까?' '아, 예! 이 길로 곧장 내려가다보면 큰 문이 하나 나올 겁니다. 그 문에 믿음, 소망, 사랑이라는 세 개의 표식이 있을 겁니다. 그 안으로 들어가세요. 그러면 하나님에 관한 얘기를 들을 수 있을 겁니다.' 승려들이 기쁘게 찾아간 곳은 중국내지선교회(China Inland Mission) 본부였습니다. 그곳에서 중국인 복음전도자에게 같은 질문을 했죠. 세상을 사랑한다는 하나님을 어디 가면 만날 수 있느냐고요. 전도자는 자기가 알고 있던 모든 걸 말해 주면서 복음서를 건네주었습니다.

승려들은 이곳 사원으로 서둘러 돌아왔고, 우리 모두는 마태복음, 누가복음, 마가복음 그리고 요한복음을 빠짐없이 읽었습니다.

그 책들에는 우리가 다 이해할 수 없는 내용들이 적지 않았지만 믿는 데는 장애가 되지 않았습니다. 우리는 그것들을 모두 믿고 받아들였습니다. 그런데 그 중에서도 한 구절이 가장 중요해 보였습니다. 그리스도께서 하신 말씀입니다. '너희는 온 천하에 다니며 만민에게 복음을 전파하라.' 그 말씀대로라면 틀림없이 어느 날 우리에게 와서 이 놀라운 하나님에 대해 더 말해 줄 사람이 있을 거라고 생각했습니다. 우리가 할 일은 그 사람, 즉 하나님이 보내신 메신저를 기다리면서 그를 맞을 준비를 하는 것뿐이었습니다. 그로부터 3년을 더 기다렸습니다. 승려 둘이서 땔감을 주으러 산에 갔다가 누군가 부르는 노래 소리를 들은 겁니다. '우리가 기다리던 메신저들이야! 하나님을 아는 사람들만 저런 찬송을 부르거든.' 그렇게 확신한 승려들 중에 하나는 사원으로 돌아와 오랫동안 기다리던 하나님이 보내신 사자를 맞을 준비를 시키고, 다른 한 승려가 당신들을 만나러 내려갔던 겁니다."

그제야 모든 의문이 풀렸다. 왜 라마승들이 우리를 만나러 산을 내려왔고 또 갈급한 마음으로 우리를 맞아들였는지.

우리는 사원을 떠나면서 그들에게 구원의 확신이 있는지에 대해 묻지 않았다. 또 그날 이후로 그들이 사원을 버리고 새로운 믿음의 길을 걷게 되었는지 여부도 알지 못한다. 분명한 건 내가 하나님이 지정하신 그곳에서 그분의 복음을 전했다는 것이다. 나머지는 하나님과 성령님의 역사에 맡겼다. 지금은 그 아름다운 언덕에 라마 사원이 서 있지 않다. 공산주의자들이 그곳을 파괴하고 그곳 승려들을 모두 쫓아버렸기 때문이다. 그곳에 있던 500명의 승려들에게 무슨 일이 일어났을까? 가끔 궁금해진다. 그들 가운데 많은 수가 하나님을 믿고, 신뢰함으로 구원을 얻었으리라는 점에 조금의 의심이 없다. 하나님은 우리가 씨를 뿌릴 땅을 미리 준비해 두셨다. 뿐만 아니라 우리를 그분의 메신저로 부르셨다. 하나님의 부르심에 온전히 순종함으로, 우리가 그분의 메신저로 쓰임 받은 사실에 자부심을 느낀다. 오직 영원이라는 시간 속에서, 우리가 보냈던 가장 이상한 일주일의 결과를 알게 될 것이다.

14. 샨

라마 사원의 문밖을 나서니 어디로 갈지 막막했다. 애초 황과 약속했던 5일은 17일로 늘었고, 그에게는 집에서 기다리는 아내와 아이들이 있었다. 나 혼자서는 그런 황량한 곳을 계속 다닐 수 없었으므로 남는 건 친추이로 돌아가는 길뿐이었다. 친추이에서 황과 헤어진 후 다시 펑시안으로 돌아왔다. 펑시안에 도착해서는 학생들에게 내가 겪은 일들을 들려주었다. 하나님께서 그들의 기도에 얼마나 분명히 응답하시고 또 얼마나 놀라운 일들을 준비해 두셨는지를 증거했다.

그리고 나서 얼마 후에 나는 내 의지와 상관없이 새로운 지역으로 옮겨야만 했다. 아는 사람이 하나도 없는 곳이었다. 내가 가진 거라곤 낡은 외투 하나뿐이었고, 나는 완전히 낙심하여 어찌할 바를 몰랐다. 하나님은 왜 나를 이 낯선 도시에 무일푼으로 보내셨을까? 그곳은 규모가 제법 큰 도시일 뿐만 아니라 학생들이 거주민의 대부분을 차지했다. 그렇다면 이곳에서 어떤 일이 나를 기다리고 있을까?

그곳에서 다행히 중국인 의사와 그의 아내를 만났다. 두 사람은 나를 환대하며 자기들 집으로 맞아주었다. 집에 초대되어 방에 앉아 있다가 뒤편에 있던 남자 둘이서 주고받는 대화 내용을 들었다. 그 도시의 특정 지역에 예수 그리스도에 대해서 한 번도 듣지 못한 이들이 많다는 것이었다.

나는 예의를 차릴 새도 없이, 불쑥 끼어들었다. "확실해요? 잘못 알고 계신 거 아닌가요? 이 도시에 제법 교회가 많던데요. 집회도 자주 열리는 걸로 알고 있고요. 그렇담 적어도 수백 명의 크리스천들이 있다는 뜻이잖아요? 그런데 예수님에 대해 전혀 듣지 못한 이들이 많다는 게 이해가 안 가는데요?"

그들이 난데없다는 표정으로 나를 쳐다보았다.

"부인, 이 도시에 처음 오셨나봅니다."

"이틀 됐어요."

"우리는 이곳에 있는 교도소를 말한 겁니다."

"여기 교도소가 있어요?"

"그럼요. 중국에서 두 번째로 규모가 큰 교도소가 있습니다. 그리고 불행하게도 그 사람들에게 예수님에 대해 말해 주는 사람이 아직 없었습니다. 그러니 그들이 예수님을 모르는 게 당연하죠."

나는 그들과 좀 더 대화를 나누었지만 특별히 마음에 끌림을 받는다든가 하지는 않았다. 교도소 사역은 나와는 상관없다는 판단 때문이었다. 나는 지금까지 줄곧 마을들과 작은 도시에서만 복음을 전했고 그것이 나의 일이라고 여겼다.

하지만 며칠이 지나면서 마음에 평화가 깨지기 시작했다. 내가 좋아하든 좋아하지 않든 교도소에 가서 복음을 전하는 것이 임무라고 분명히 말씀하시는 하나님의 음성이 들렸다. 그곳에 있는 범죄자 한 사람 한 사람을 위해서 예수 그리스도가 십자가를 지셨음은 부인할 수 없는 사실이었다. 그리고 나는 하나님이 이끄시면 어느 곳에든 나아가 예수 그리스도를 전하려고 중국에 오지 않은가.

그 주말에 나는 교도소장과의 면담을 요청했다. 그는 더할 나위 없이 공손했지만 지나치게 생색을 내는 바람에 짜증이 날 지경이었다.

"부인께 무엇을 도와드리면 되겠습니까?" 그가 나를 쳐다보는 시선이 싫었다.

"허락해 주신다면, 이곳 교도소에서 수감자들에게 예수 그리스도에 대한 이야기를 들려주고 싶습니다."

"여기 교도소 안에서 말입니까? 직접이요?"

"그렇습니다."

"내가 부인의 교도소 출입을 허락하면 어떻게 하실 작정입니까?"

"소장님이 맡고 있는 교도소를 바꿔보고 싶습니다."

"부인, 내가 이곳에서 근무한 지 5년째입니다만, 아직 아무것도 바꾸지 못했습니다."

"저에게는 예수 그리스도가 계십니다. 누군가 변화를 가져온다면 오직 예수님만이 하실 수 있는 일이죠."

나는 출입 허가를 얻고 간수들의 호위를 받아 널따란 교도소 뜰로 들어섰다. 그곳에 거칠고 험상궂은 표정의 수감자들이 지저분한 몰골로 줄을 지어 서 있었고, 각 줄 끝에 간수들이 지키고 있었다. 나를 본 수감자들은 괴성을 지르며 조롱하듯 웃어댔다.

나는 키가 작았으므로 모두가 잘 볼 수 있도록 올라설 수 있는 디딤판 같은 것이 마련됐다. 그 위에 올라서서 그들에게 말하기 시작했고, 성경 이야기를 들려주었다. 이야기를 마치고 디딤판에서 내려오자, 죄수들도 빠른 걸음으로 자리를 떴다. 나는 다음 날에도, 그리고 그 다음 날에도 그 디딤판 위에 올랐다. 그럴 때마다 심장이 방망이질을 해댔다. 그럼에도 수감자들의 끔찍하고도 절실한 필요를 알기에 그 일을 그만둘 수는 없었다.

밤마다 나는 그들을 위해 몇 시간 씩 기도했다. 그들이 회심하고 변화되려면 오직 하나님의 간섭하심이 필요했다.

교도소를 방문하는 일 외에 한센병 환우들이 모여 사는 지역을 방문하기도 했다. 때로는 잠들어 있을 시간에, 한센병에 걸린 크리스천들과 언덕에 올라 함께 걷기도 하고 기도를 했다. 병에 걸린 그들의 '부정한' 신체는 내게는 걸림돌이 되지 못했다. 그들의 신체와는 대조적으로 그들의 마음은 얼마나 '정결' 했는지 모른다. 그들은 내가 교도소 사역을 시작하던 첫 주간에 나를 위해 특별 기도까지 해주었다. 그들의 기도가 힘이 되었다고 믿는다.

수감자 중에 첫 번째 회심자가 탄생하자, 뒤이어 계속해서 회심자가 나왔고 마침내 다섯 명에 이르렀다. 그들은 나와 함께 있는 동안 하나님께서 각자의 삶에 일으키신 변화에 대해 간증했다. 이것은 놀라운 일임이 분명했다. 하지만 교도소는 변화의 조짐이 보이지 않았고, 여전히 하나님을 조롱하는 수감자들뿐이었다.

여느 때처럼 디딤판 위에 올라 예수님에 대한 이야기를 전하고 난 어느 날이었다. 지치고 무거운 마음과 오로지 불결한 사람들의 진동하는 악취로부터 벗어나고 싶다는 생각으로 뜰을 빠져나오는데, 문이 열리면서 네 명의 사내들이 질질 끌려 들어왔다. 간수들이 사슬에 묶인 그들을 바닥에 내동댕이친 후에 발로 밟고서서 총구를 겨누었다.

그 장면을 보면서 '가능한 빨리 이곳을 벗어나야겠다' 는 생각이 들었다. 나는 문을 향해 걸음을 재촉했다. 그때 음성이 들렸다.

'글래디스야, 내가 너를 위해 죽은 것처럼, 이 사람들을 위해서도 내 목숨을 바쳤다.'

나는 걸음을 멈추고 몸을 돌려 간수에게 말했다. "이 사람들한테도 말할 수 있게 해주세요."

간수는 험악한 말투로 거절의 뜻을 분명히 했다. 나는 천천히 뜰 주위를 걸으며 기도한 후에 다시 요청했다. 이번에는 간수가 욕을 내뱉으며 반응했다. 그리고 문지기들에게 소리쳤다. "이 골칫거리 여자를 밖으로 내보내!" 나는 그들에 의해 밖으로 내쫓겼다.

사슬에 묶여 있던 그 네 남자들 모두가 살인자였다는 것을 며칠 후 알게 되었다. 그때 세 사람은 이미 숨이 끊어진 상태였고, 샨(Shan)이라는 남자 만이 겨우 살아 있었다. 며칠 후에 교도소에 들어가 샨을 만났다. 샨은 젊고 잘생긴 데다 다소 거만했다. 그에게서 왠지 악한 기운이 느껴졌다. 그는 언제라도 덤벼들 듯한 태도로 나를 노려보며 입에 담기 힘든 욕설을 뱉었다. 그가 몹시 싫었지만 나는 그를 위해 기도했고, 친구들에게도 그를 위해 기도해줄 것을 부탁했다. 한번은 그에게 성경 이야기를 들려주려 시도했지만 그는 대뜸 내 얼굴에 침을 뱉고 돌아섰다. 그런 그를 미워하지 않는 게 오히려 이상할 정도였다.

몇 개월이 지나면서 나는 다른 조력자들의 도움을 얻어 교도소 사역을 좀 더 활발히 진행할 수 있었다. 한센병 크리스천들의 기도를 통한 동역도 계속되었다. 차츰 구원을 받는 수감자들이 늘고 40명 정도가 세례를 받기로 했다. 하지만 교도소의 전체적인 분위기는 여전히 싸늘했고 주목할 만한 변화도 일어나지 않았다.

그래도 꾸준히 접촉한 덕분에 그들의 얼굴과 이름 정도는 알게 되었고 시선이라도 마주치면 가벼운 눈인사 정도는 하고 지냈다. 그날도 나는 디딤판에 올라가 예수님 이야기를 전한 후에 내려왔고, 수감자들은 아무 말 없이 잰걸음으로 각자의 감방으로 돌아가기 시작했다. 무표정하게 줄을 지어 내 곁을 지나치는 그들을 보고 있자니 마음이 무거워졌다. 그러다 줄 맨 뒤쪽에서 걸어오는 샨이 보였다. 교도소의 높은 담벼락보다 차갑고 단단하던 그의 완고함이 떠오르자 퍼뜩 싫은 감정이 들었다.

그때 음성이 들렸다. 너무 분명하게.

"저 사람에게 말해라."

"안 됩니다." 나는 반사적으로 고개를 흔들었다. "저 사람이 저를 얼마나 경멸하는지 아시잖아요? 제 얼굴에 침까지 뱉었는걸요. 그리고 교도소 규칙상 저들이 줄을 지어 움직이는 동안에는 제가 아무 말도 못하게 되어 있습니다."

"그래도 말해야 한다."

어떻게 해야 하나? 식은 땀이 흘렀다. 샨이 거의 내 앞에 다다랐을 때, 나는 너무 흥분한 상태로 몸을 앞으로 기울여 내 손을 그의 어깨에 갖다 댔다. 몸을 기울였다기보다 중심을 잃고 비틀거리다가 손이 그의 어깨에 닿았다고 해야 맞을 것 같다. 그 순간 내가 외마디 비명처럼 외쳤다.

"샨 씨, 자신이 비참하지 않으세요?"

아차 싶었다. 그런 식으로 말하는 게 아닌데.

샨은 내 손을 뿌리치면서 저주를 퍼부었다. "미친 것! 내가 비참하든 말든 너까짓게 무슨 상관이야?"

내가 대꾸했다.

"나는 행복해요."

"어련하시겠어? 너야 언제든지 저 문밖으로 나갈 수 있으니까!"

"그게 아니에요. 예수 그리스도가 나를 위해 죽으셨기 때문이에요."

샨은 그대로 나를 지나쳐갔다. 내가 그에게 끔찍한 짓을 저지른 것만 같았다. 중국에서는 공공 장소에서 외간 여자가 남자를 건드리지 않는 게 불문율이었다. 나는 화끈거리는 얼굴로 교도소를 빠져나왔다. 마음이 무너져내렸다. 저런 사람들 앞에서 내 자신을 더럽히다니. 더구나 샨 같은 사람에게 그런 짓을 하고.

얼마 후 샨은 머리를 감싸 쥔 채 안뜰의 돌에 걸터앉아 있었다. 그 모습을 교도소의 첫 번째 회심자인 듀 코르(Dhu Cor)가 목격했다

"어디 아픈가?" 듀 코르가 샨을 유심히 살피며 물었다.

"그 여자가 나한테 어떻게 했는지 봤어요?"

"어떻게 했는데?"

"나를 만졌어요!"

"그럴리가? 거짓말 마!"

"거짓말이 아니에요. 그 여자가 손으로 내 어깨를 만졌어요."

"믿을 수가 없군."

가까이에서 듣고 있던 다른 수감자가 끼어들었다.

"이 친구 말이 맞아요. 그 여자가 이 친구를 진짜 만졌다고요."

"그 여자가 마치 사랑하는 사람처럼 나를 만졌어요!" 샨의 목소리가 커졌다.

"어쩌면 그녀가 자네를 사랑하고 있는 건지도 모르겠군." 듀 코르가 대답했다.

"뭐라고요? 그렇게 깨끗한 여자가 나 같은 살인자를 사랑한다고요? 저주하면서 침까지 뱉은 나를요?"

"나는 그렇다고 생각하네. 그녀라면 충분히 그럴 수 있어. 자네가 무슨 짓을 저질렀든 하나님이 자네를 사랑한다고 그녀가 믿고 있기 때문이지."

* * *

샨은 구원받았다. 그것은 위대한 설교 때문이 아니었다. 오래 전 영국에서 하나님이 한 소녀를 부르시고 그녀에게 손과 발, 그리고 온 몸을 바치라고 요구하셨기 때문이며, 그날 하나님께서 보잘것없는 인간을 도구로 사용해 샨을 만지셨기 때문이다. 샨이 회개하고 구원을 받았다는 소식이 퍼지자 교도소에서 진짜 부흥이 일어나기 시작했다.

사람들은 몇 시간씩 하나님의 말씀을 들었고 또 몇 시간씩 무릎을 꿇고 기도했다. 우리는 사흘 동안이나 세례를 베풀어야 했다. 사람들의 간증, 그중에서도 샨의 간증은 교도소 신문에 실렸고 얼마 지나지 않아 다른 교도소에서도 와서 같은 일을 해달라는 요청이 왔다.

교도소장은 가장 강퍅한 범죄자들 사이에서 일어난 변화를 목격하면서 예수 그리스도를 영접했고, 자신이 5년 동안 있으면서 하지 못했던 일을 영광스러운 구원의 복음의 능력으로 1년 만에 해냈다고 확신 있게 증언했다.

15. 죽음에 이르기까지

교도소와 한센병 환자촌 사역을 계속하던 중 어느 교회에서 도시로 쏟아져 들어오는 피난민들을 대상으로 사역할 전도자를 구한다는 얘기를 들었다. 피난민들은 나처럼 전쟁을 피해 북쪽에서 온 사람들이 대부분이었다.

  나는 그 일에 지원했고, 아울러 교도소와 한센병 사역도 계속할 수 있어야 한다는 조건을 달았다. 교회는 나의 제안에 동의했고 나는 교회 건물 뒤편의 방을 제공받아 거기서 생활하기 시작했다. 이 모든 날들 동안 아이들 한두 명이 늘 나와 함께 지냈다. 아이들은 자기 스스로 살아갈 수 있을 정도로 성장해 있었고, 그 아이들과 함께 지내며 다른 집들처럼 보통의 가정생활을 꾸려가는 것이 나에게는 적지 않은 위로와 힘이 되었다. 예전에는 그 아이들이 나에게 의지했지만 이제는 내가 그 아이들을 의지하고 있었다.

전쟁이 막 끝난 시기여서, 선교사들 대부분은 탈출했다가 복귀하지 않았거나 아직 강제수용소에 있었다. 가는 곳마다 사역의 필요는 너무 컸지만 일꾼들은 너무 적었다.

내가 속하게 된 교회는 영적 무기력증에 빠진 것처럼 보여 그것이 나를 무겁게 짓눌렀다. 예배당은 제법 커서 2층까지 있었지만 지저분한 상태로 방치되어 있었다. 어느 날은 2층에 무엇이 있을지 궁금해 올라가보기로 했다.

느헤미야 시대의 성전처럼, 그곳도 오랫동안 사람의 손길이 닿지 않은 채 일종의 버려진 창고처럼 방치되고 있었다. 낡은 잡동사니들이 가득했고, 온갖 쓰레기와 먼지와 거미줄이 곳곳에 있었다. 마음까지 우울해졌다. 거기 선 채로 한숨을 쉬며 발코니 창 쪽을 올려다보았다. 먼지 낀 창으로 갑자기 태양 빛이 쏟아져 들어와 아래층 성찬 탁자 위 십자가를 비추었다. 십자가에 반사된 빛은 산란되며 황금빛 그림자를 바닥에 드리웠다. 그리고 그곳에서 환상을 보았다. 주님이 2층에 있던 나를 올려다보고 계셨던 것이다.

물끄러미 내려다보는 나를 향해 주님이 말씀하셨다. "이곳을 축복할 테니 합당한 처소로 준비하렴."

나는 몸을 앞으로 기울이며 말했다. "얼마 동안 준비할까요?"

"40일이다." 주님의 대답이 돌아왔고, 환상은 서서히 사라졌다.

나는 무릎을 꿇었다. 경외심으로 가슴이 두근거렸다. 40일 안에 주님의 축복이 임할 것을 진심으로 믿었다. 하지만 그 전에 내가 해야 할 일이 있었다. 쓰레기장을 방불케 하는 이 예배당을 깨끗이 치우는 일이었다. 나는 날마다 조금씩 예배당을 청소하기로 했다. 청소를 마치고 난 다음에는 그 자리에 무릎을 꿇고 주님의 축복이 임하기를 기대하며 기도하리라 결심했다.

혼자서 하는 일이라 처음 얼마 동안은 별 진척이 없었다. 게다가 이전에 몇몇 크리스천 친구들과 휴가를 가기로 약속한 터였다. 그들은 내가 조금이라도 휴식을 취해야 한다며 언제 어디로 갈지 일정까지 잡아 놓은 터였다. 어쨌든 나는 작정한 대로 청소를 시작했고 청소가 끝나면 기도했다. 하지만 내가 목격한 환상이나 결심에 대해선 아무에게도 말하지 않았다.

친구들과 약속한 휴가일이 가까워오면서, 나는 조금씩 혼란스러워졌다. 주님이 말씀하신 40일 가운데 겨우 며칠이 지났을 뿐인데, 벌써 주님의 명령을 따르지 않게 된다면 어떻게 해야 할까? 과연 주님의 명령을 완수할 수 있을까? 나는 결국 중국인 목회자 샹(Shang)을 찾아가 털어놓았다.

내 얘기를 다 듣고도 샹은 웃지 않았다. 오히려 망설임 없이 그리고 진지하게 나의 일에 동참해 주기로 약속했다.

그 다음에 나는 함께 휴가를 가기로 한 친구들을 찾아갔다. 그들은 나와 했던 약속을 까맣게 잊고 있었다. 그들은 미안해 하며 진심으로 사과했다. 나는 너무 다행스러운 나머지 "할렐루야" 하고 소리를 질렀다. 주님은 세밀한 부분들까지 주관하고 계셨다. 그렇게 나는 주님의 축복이 임할 때까지 중단 없이 일할 수 있게 되었다.

어느 날 샹 목사와 내가 교회에서 청소를 하고 있을 때 입양 아들 고든(Gordon)이 찾아왔다. 고든은 그날부터 청소와 기도하는 일에 동참했다. 며칠 후에는 교회 재정을 맡은 첸충(Chen Tsung)이 동참했고, 마지막으로 산적 출신의 회심자가 우리의 '청소 축제'에 참여했다. 그렇게 다섯 명이서 시간이 날 때마다 교회를 쓸고 닦고 기도하기를 계속했다. 예정된 40일이 끝나갈 즈음 교회는 언제 그랬냐는 듯 흠 하나 없이 깨끗해졌고 우리는 우리 손길이 닿은 모든 곳에서 기도를 했다. 하지만 축복을 받으려면 밖으로 나가서도 일해야 한다는 걸 알았기에 우리는 복음을 전하기 위한 특별 캠페인을 벌이기로 의견을 모았고, 이후 몇 개월에 걸쳐 놀라운 축복을 누렸다. 이때쯤 우리는 YFC(Youth for Christ)로부터 새로운 캠페인을 벌여달라는 요청을 받았다. 필요한 인력만 우리가 동원할 수 있다면 소요되는 모든 재정은 자신들이 감당하겠다고 했다.

앞서 몇 개월에 걸친 캠페인 덕분에 우리에게는 회심자들이 많았고 그들은 무엇이든 행할 준비가 되어 있었다. 특별히 미국인 밥 피어스(Bob Pearce)가 복음 전도자 역할을 맡고 의사인 앤드류 기(Andrew Gih)가 통역을 맡았다. 많은 시간에 걸친 간절한 기도로 기초가 다져진 덕분에, 하나님의 역사가 도시 전체를 휩쓸었다. 대학생들을 포함한 수백 명이 나아왔고 구원을 얻었다.

영광스런 축복의 시간은 몇 개월 동안 계속됐다. 마치 2천 년 전 초대 교회로 돌아간 듯한 느낌이었다. 하지만 하나님은 앞으로 닥칠 끔찍한 날을 대비해 우리를 강하게 다듬고 계셨을 뿐이다.

공산당이 대학교를 완전히 장악했다. 5백 명에 달하는 학생들에게 인쇄된 설문지를 나누어주고 솔직하게 답해 보라고 했다. 나도 질문지 한 장을 겨우 구해 무슨 내용이 있는지 살펴보았다. 어떤 질문은 이상했고, 어떤 질문은 어색한 데다 우습기까지 했다. 그것들 중 몇 가지 예를 든다면 이런 것들이다.

"당신의 할머니가 무엇 때문에 돌아가셨는지 아십니까? 당신의 삼촌은 몇 명의 자녀를 두었습니까? 당신의 할아버지는 죽을 때 얼마의 돈을 가지고 있었습니까?"

종교나 정치 성향에 대한 질문은 없었다. 하지만 그 많은 질문들 맨 마지막에, 그러니까 앞의 질문들에 성실하게 답변하느라 피곤하고 집중력이 흐트러졌을 때쯤, 결정적인 질문이 나왔다.

"당신의 입장을 말씀해 주십시오. 당신은 정부에 찬성하십니까? 찬성하면 동그라미표, 반대하면 가위표를 해주십시오."

이것은 당국의 지침에 복종하든지, 아니면 장차 유쾌하지 못한 일을 겪든지 둘 중 하나를 선택하라는 의미의 질문이었다. 가위표를 한 사람은 당원이 될 수 없고, 따라서 직업을 가질 수도 없으므로 가난해지고 추방될 운명이었다.

대학 내 5백 명에 달하는 학생들 대부분은 기독교 교육을 받기 시작하던 때였다. 아프면 물을 것도 없이 기독교 병원으로 갔다. 당시 건강이나 교육에 관련된 좋은 것들이 선교단체들을 통해 중국의 외딴 지역으로 들어오고 있었기 때문이다. 그리고 그동안 펼친 복음 캠페인으로 많은 수가 이미 회심한 상태였다.

설문 조사 결과 5백 명 중에 2백 명이 가위표를 한 것으로 나타났다. 공산당원들의 표정이 굳어졌다. 그들은 당국의 권위에 따르겠다고 서명한 3백 명을 불러 그들에게 일자리를 주겠다고 했다. 또 나머지 2백 명이 자신들의 노선을 따르도록 하기 위해 모든 수단을 동원할 준비가 되어 있었다.

이후 몇 달 동안 가장 끔찍한 형태의 괴롭힘과 잔학행위가 이어졌다. 그런 후에 다시 설문지가 배포됐다. 하지만 놀랍게도 동그라미표는 극소수에 불과했고 전부 가위표가 나왔다. 조사 결과에 당국자들은 경악했다.

어떻게 이런 일이 가능할 수 있을까? 그들은 급히 원인을 조사했고 매일 아침마다 크리스천 학생들이 기도 모임을 갖는다는 걸 알게 되었다.

대학교 강의는 아침 9시에 시작하는데, 학생들 모두가 캠퍼스 안에서 생활하기에 8시에 아침 식사를 했고, 그전 7시부터 그룹별로 모임을 갖고 있었다. 앞으로 닥칠 시련의 때를 견디기 위한 힘을 얻고자 날마다 기도하고 성경을 읽어왔던 것이다.

당국에서 크리스천이 아닌 학생들을 시켜 이 모임을 깨고 아수라장을 만들었다. 그러자 크리스천 학생들은 모임을 아침 6시로 옮겼다. 이것이 대적들에게 다시 발각되어 똑같은 핍박을 받자 이번에는 더 일찍 일어나 5시에 모였다.

같은 과정이 반복되면서, 그달 말에 이르러 일부 크리스천 학생들은 거의 잠을 잘 수가 없게 되었다.

당국자들은 최종적인 조치를 취했다. 그들은 "이곳에서 모든 집회를 금지한다. 따라서 기도와 성경 읽기 모임도 더 이상 할 수 없다."고 공포했다.

모든 크리스천들이 고립되었고 3개월 동안 붉은 모자를 쓴 공산당원들의 감시 아래 지내야 했다. 학생들의 모든 움직임이 감시 대상이었으며, 밤낮을 가리지 않는 사상교육이 이루어지고 거절할 경우 가차없는 모욕이 가해졌다.

우리는 이 가련한 크리스천 학생들이 고립된 채 점점 야위고 창백해져가는 모습을 지켜보았다. 그들과 직접 접촉할 방법이 없었으므로 염려만 할 뿐 어찌할 바를 몰랐다. 그들은 아직 젊은데다 신앙인으로 보면 어린아이에 지나지 않았다. 우리가 할 수 있는 거라곤 그들이 악한 자들의 모든 불화살을 맞으면서도 믿음을 놓치지 않기를 바라며 기도하는 것이었다.

3개월이 끝나갈 무렵, 우리는 모두 장터의 넓은 광장으로 불려갔다. 공산당 경찰들에 둘러싸인 채 우리는 2백 명의 대학생들이 광장으로 걸어들어오는 것을 보았다. 증인석에는 한 남자가 명단이 적힌 목록을 들고 서 있었다. 그가 첫 번째 학생을 호명했다.

열일곱 살 여학생이 앞으로 나왔다. 세련되고 아름다운 모습의 그녀는 북경 출신으로 전쟁 전에 부유한 가정에서 자랐다고 했다. 안전을 위해 이곳으로 왔지만 이제 고발인 앞에 서 있었다.

증인석의 남자가 큰소리로 질문했다. "지금은 어떤 입장입니까?"

그녀는 낮은 연단 쪽으로 걸어갔다. 잠시 비틀거렸고 우리는 그녀가 넘어질지 모른다고 생각했다. 왜 이토록 가녀린 소녀를 맨 먼저 불러냈을까? 우리는 궁금했다. 불쌍한 아이! 어떻게 이 상황을 견뎌낼까?

그때 그녀의 목소리가 울려퍼졌다. 낭랑하고 힘이 있었다. "선생님, 저는 이전까지 예수 그리스도는 살아계시고 성경이 진리라는 가르침을 받았습니다. 지난 3개월간 당국의 사상교육을 받으며 제가 알게 된 사실을 말씀드리고 싶습니다. 예수 그리스도는 살아계시고 성경은 진리입니다. 제가 아는 것은 그것뿐입니다."

2백 명이나 되는 학생들의 이름이 하나씩 불려졌다. 그들은 자신들이 핍박자들에 의해 어떤 고난을 당하게 될지 충분히 알고 있었지만 흔들리지 않았다.

그날 그들은 장터에서 모두 참수형을 당했다. 각 학생들은 처형당하기 직전, 공개적으로 자신의 신념을 철회할 수 있는 마지막 기회가 주어졌지만, 앞선 학생들의 죽음을 모두 지켜본 마지막 학생조차 주저함이 없었다.

    사람들은 묻는다. "왜 하나님께서 이런 일을 허락하십니까?" 그들을 너무 사랑하시는 주님이 죽음보다 더 잔악하고 혹독한 고문을 그들이 겪기 전에 데려가신 것은 아닐까? 그들의 죽음은 어쩌면 앞으로 닥칠 다른 것에 비해 더 쉬운 것이었을지 모른다. 그들은 주님이 미리 준비해 놓으신 본향의 집으로 곧장 들어갔다. 죽음에 이르기까지 주님을 따라서.

16. 영국으로

영국으로 돌아가야 한다는 부담은 오래 전부터 느끼고 있었다. 하지만 영국을 떠난 지 20년이 흘렀고 돌아가기에는 너무 늦었다고 생각했기에 단념하고 지냈었다. 내 이름과 옷차림도 중국 것이었지만 이제는 생각하는 것까지 중국인과 다르지 않았으며, 동포가 된 그들을 나는 사랑했다.

교도소 사역과 교회를 중심으로 한 사역을 통해 놀라운 축복이 있은 후에, 새로운 회심자들은 기도 모임을 만들어 날마다 기도했다. 그들은 특별한 기도제목이 있을 때면 더 집중적으로 기도했다. 어느 한 사람이 마음에 특별한 필요를 느끼면, 그는 그것을 말하고 다른 사람들은 그 기도제목을 놓고 함께 기도했다.

어느 날 내가 참석한 기도 모임에서, 한 젊은이가 영국을 위해 매우 구체적이고 간절하게 기도해야 한다는 필요를 느끼고 있다고 했다. 기도 모임이 끝난 후에 나는 그를 붙들고 왜 그런 기도 제목을 내놓게 되었는지 물었다.

"영국이 우리의 기도가 필요하다는 생각을 안 해보셨어요?"

"기도가 필요하다는 생각은 해요. 하지만 영국은 기독교 국가라서 이교도의 땅과 같지는 않다고 봐요."

"그러면 그 사람들이 축복과 부흥을 경험하고 있나요?"

"잘 모르겠어요."

"그렇지 않을 겁니다. 만약 그들이 지금 축복과 부흥을 경험하고 있다면, 전쟁과 기근과 고난의 한가운데 있는 우리가 알 수 있을 겁니다. 우리에게 복음을 건네준 영국은 지금 다른 신들을 숭배하고 있습니다."

"그게 무슨 뜻이죠?"

"그 사람들한테는 스포츠와 유명스타, 돈, 그리고 쾌락을 주는 온갖 오락거리들이 하나님보다 더 중요하다는 겁니다."

"그걸 어떻게 아시나요?"

"신문을 보고 알았어요. 제가 몇 장 가져다 드릴게요."

잠시 후에 그가 중국 신문 한 뭉치를 가져다주었고, 거기 실린 기사들을 읽고 나서 그가 왜 영국을 위해 기도하고 싶어했는지 이해하게 되었다. 영국 소식을 전하는 기사와 사진들은 한결 같이 영화

배우들과 스포츠 스타, 경마 등에 관련한 것이었고 하나님에 대한 언급은 없었다. 공산주의자들의 지배 아래서 극심한 고통을 겪고 있던 다른 나라들에 비해 겉으로는 번영을 누리는 것 같았던 영국은 무엇보다 소중한 것, 즉 개인의 삶뿐만 아니라 한 국가의 삶에서 하나님이 가장 중요하다는 진리를 내던져버렸다.

그때부터 나는 내가 태어난 곳으로 돌아가야 한다는 걸 깨달았다. 많은 사람들을 사로잡은 영적 무감각증을 깨트리기 위해 내가 할 수 있는 일을 하러 돌아가야 했다. 또 나는 중국 교회의 놀라운 믿음에 대해 증거해야 했다. 하나님께서 나를 위해 행하신 위대한 일들을 사람들로 알게 해야 했다.

몇 개월 후 나는 당국에 출국 허가를 신청했지만, 이미 할당된 정원이 넘었기에 다시 신청하려면 일 년을 꼬박 기다려야 했다. 하지만 시기적으로 모든 사정이 안 좋았다. 나는 당국의 혐의를 받고 있었다. 더 이상 기다릴 수 없다고 판단한 나는 상하이로 떠났다. 돈이나 의복도 없었다. 나를 도와줄 수 있으리라 생각되는 한 단체를 수소문해 찾아갔다. 빈곤한 독일인 선교사들을 돕기 위해 소수의 경건한 중국인들이 모여 만든 단체였다. 2차대전 기간 동안 독일인 선교사들은 극심한 고난을 겪었다. 독일 정부로부터 아무 도움을 받지 못했고, 영국으로부터도 마찬가지였다. 그들은 적이나 다름없었기 때문이다. 전쟁이 끝나갈 무렵 이 단체가 그들을 위해 고향으로 돌아갈 수 있는 방편을 마련해 주었다. 하지만 선교사들 중 상당수

20년 사역 끝에 중국을 떠나기 직전의 글래디스 에일워드

는 이미 전쟁 통에 굶주림과 질병으로 목숨을 잃었고, 그나마 돌아갈 수 있는 인원은 얼마 되지 않았다.

이 중국인 크리스천들의 호의를 입고 나는 다시 영국 땅에 발을 디뎠다. 20여 년 전, 하나님의 부르심을 따라 젊은이의 열정 말고는 아무것도 없이 중국으로 갔었다. 그리고 중년의 나이가 되어 정말 아무것도 없이 돌아왔다. 내게 남은 단 하나의 자산은, 하나님은 나를 결코 실망시키지 않으신다는 지식이었다. 아마도 많은 것들이 낯설고 힘들겠지만, 이곳에서도 하나님은 나를 위해 놀라운 일을 행하실 것이다. 순종하며 나아갈 때, 내게 필요한 모든 것을 친히 공급하실 것이며 매순간 한 걸음씩 인도하실 것이다.

17. 윙 카이

20여 년 만에 돌아온 영국은 낯설었다. 처음 중국에 발을 디딜 때 내가 경험했던 이방인의 느낌 그대로였다. 중국 국적을 취득한 후 줄곧 중국 옷을 입고 중국 음식을 먹으며 살았고, 생각하는 것까지 중국인이 다 되어 있었기 때문이다. 하지만 영국 역시 내가 그곳을 떠나던 때와는 비교할 수 없을 만큼 달라져 있었다. 전쟁으로 큰 상처를 입은 데다, 무엇보다 도덕적으로 크게 무너져버린 모습이 충격으로 다가왔다

이 땅에는 거리마다 교회들이 있고 수천의 성직자들이 있었지만 지독한 영적 무감각증에 걸려 있었다. 바로 얼마 전, 나는 한때는 우상 숭배자였던 이들이 예수 그리스도에 대한 믿음을 지키기 위해

끔찍한 고난은 물론 고문과 죽음까지 마다 않는 모습을 지켜보았다. 만약 공산주의자들이 소위 기독교 국가라는 영국에서 이런 일을 자행한다면 이들은 어떻게 반응할까?

심지어 교회 안의 크리스천들조차 미지근해 보였다. 여자들은 최신 유행의 옷에 집착했으며, 기도 모임이나 복음을 전하는 일보다 사회적인 이슈들에 관심이 더 많았다. 무지한 이교도 중국인들보다 영국 크리스천들의 마음에 다가가는 것이 더 어렵게 느껴졌다.

공산주의자들의 박해 때문에 더 이상 돌아갈 수 없게 된 중국이 그리웠다. 전쟁과 공산주의자들의 핍박이 온 나라를 휩쓸기 전 양청에서의 삶은 단순했지만 의미 있었고 행복했다. 하지만 하나님은 또 다른 계획이 있으셔서 나를 영국으로 돌아오게 하셨을 것이라고 믿었다. 그리고 오래지 않아 주님은 섬김의 문을 열어주셨다. 나는 영국 전역의 크리스천들로부터 연락을 받았다. 중국에서 겪었던 일들을 전해 달라는 요청이었다. 그 때문에 나는 내키지 않는 수백 마일 거리를 여행해야 했고, 무엇보다 껄끄러운 수십 통의 편지를 써야 했다.

그러다가 영국에도 많은 중국인들이 있다는 걸 알게 되었다. 그들도 낯선 땅에서 이방인으로 살아가기가 힘들고 외로울 거란 생각이 들었다. 나 역시 영국에 와서도 중국인의 언어로 말하고 중국식 의복을 입고 외국인으로 경찰에 신분 등록을 해야 했기 때문이다. 나는 그들을 수소문하기 시작했다. 런던에 살고 있던 수십 명의 중국인들과 함께 작은 교회를 세웠다. 교회에서 일할 중국인을 따로 세워 홍콩과 싱가포르에서 배를 타고 들어오는 중국인들과 접촉하게 했다. 중국인 선원들이 있을 경우 최선을 다해 환대했다.

그들을 통해 중국에 대한 소식을 들었고, 내가 입양했던 아이들이 은밀하게 보내는 전갈도 받았다. 공산주의자들의 지배 아래서도 그 아이들의 마음에 뿌려진 씨앗이 소멸되지 않았음을 알았을 때 정말 기뻤다. 예수 그리스도는 여전히 그들의 모든 것이었다.

브리스톨과 리버풀에서 많은 수의 중국인들을 만났다. 그들 가운데 일부가 그리스도께로 나아와 세례를 받는 모습을 감사함으로 지켜보았다.

아일랜드를 방문해 달라는 요청을 여러 차례 받았지만 그곳을 향한 주님의 특별한 부르심을 느끼지 못했었다. 그러다 다시 방문 요청이 있었는데 몇 가지 이유로 주님께서 내가 그곳의 수도 벨파스트(Belfast)에 가기 원하신다는 확신이 들었다.

내가 탄 배가 벨파스트 인근 항구에 들어갔을 때 경감 한 명과 경관 둘이 배에 올라타는 것을 보았다. 잠시 후 승무원이 나를 찾아와 선장실로 동행할 것을 요청했다. 그곳에 경찰들이 있었다.

"부인, 이 경감님이 배에 외국인이 탔다는 정보를 입수했다는군요. 그런데 신원을 확인해 보면 부인 밖에 없는 것 같습니다."

선장이 미안하다는 투로 말했다.

나는 한바탕 웃고 나서, 원래는 영국인인데 20여 년 전에 중국에 선교사로 갔다가 귀화했으며, 지금은 공산주의자들 때문에 중국을 탈출해 고향 땅으로 돌아왔노라고 했다. 그리고 이전에 취득한 중국 국적으로 인해 이곳에서는 외국인 신분이라고 설명했다.

"다소 애매한 상황이군요." 경감이 턱을 만지며 말했다. "서류에는 뭐라고 기재하면 좋을까요? 교회에서 설교하기 위해 중국옷을 입고 온 작은 영국 여성? 그렇담 부인을 붙잡아둘 이유가 없겠네요."

나는 다시 웃으며 말했다. "러시아와 중국에서는 감옥에 갇힌 적이 있습니다만, 이곳 아일랜드 사람들은 그리 나쁜 분들은 아닐 것 같네요."

선장실에 있던 남자들이 호의적으로 미소지었고, 뒤이어 경감이 유쾌한 목소리로 말했다.

"당신을 감옥으로 데려갈 수도 없으니, 일단 가시는 데까지 모셔다 드리는 건 어떻습니까?"

"그래주신다면, 감사하지요." 일이 쉽게 해결되자, 나는 속으로 안도하며 대답했다.

나는 경찰의 호위를 받으며 숙소까지 차를 타고 갔다. 숙소 앞에서 경감이 나와 악수를 하면서 말했다. "이 도시에 머무는 동안 불편한 점이 있으면 언제라도 연락주십시오. 제가 달려오겠습니다."

나는 그에게 고맙다고 말했지만, 더 이상 경찰의 도움을 받을 일이 없을 거라고 생각했다.

다음 날 길을 걷다가 중국인 소녀를 만났다. 우리는 마치 자매 상봉이라도 하는 듯 인사를 나누었고, 오랫동안 이야기를 주고받다가 내가 설교할 모임에 와달라고 초대했다.

"이곳에 다른 중국인들도 있나요?" 그녀와 헤어지면서 물었다.

"예, 세 명이 더 있어요." 소녀가 대답했다.

"그분들 주소를 알려주면 내가 한번 만나고 싶은데요?"

소녀는 주소를 알려주며 한마디를 덧붙였다. "중국인 여자가 하나 더 있긴 한데 별 관심 두지 마세요. 지금 정신병원에 있거든요."

우리는 헤어져 각자의 길로 갔다. 처음에는 소녀가 알려준 중국인 세 사람을 만나봐야겠다고 생각했고, 정신병원에 있다는 그 여자에 대해선 별 마음이 없었다. 나는 방에 들어가 기도하기 위해 무릎을 꿇었다. 그런데 기도에 집중하기가 어려웠다. 그때 세미한 음성이 들렸다. "내 관심은 그 여자에게 있단다. 내가 이곳 아일랜드까지 너를 부른 이유가 거기 있다."

나는 아래층으로 내려가 숙소 주인에게 어떻게 하면 정신병원에 있는 환자를 면회할 수 있는지 물었다. 그는 친구 중의 하나가 그곳 운영위원으로 있으며 그를 통하면 가능할 거라고 했다.

다음 날 운영위원으로 있다던 친구분이 친절하게도 나를 그곳까지 차로 태워주러 왔다. 나는 집을 출발하면서 얼마 전 소포로 받은 중국식 월병(moon cake) 꾸러미를 가방에 담았다. 차를 타고 병원에 도착하자 그 친구분은 수간호사를 만나 우리가 방문한 목적을 알렸다. 수간호사는 나를 다른 간호사에게 인계했고, 그녀는 나를 한 방으로 안내한 후에 여기 있으면 중국인 여자가 올 거라고 했다. 그러면서 이상한 말을 덧붙였다.

"에일워드 부인, 저는 이 여자분이 우리처럼 정상인이라고 생각해요. 만약 부인께서 그녀를 도울 수 있다면 하나님의 일을 하시는 겁니다."

말이 채 끝나기 전에 다른 간호사가 그녀를 데리고 나타났다. 거의 강제로 끌려오다시피 한 그녀는 내가 이제껏 만나본 가장 슬픈 모습의 중국인 여자였다. 몹시 야윈 데다 갑작스런 상황에 놀라서 매 맞는 강아지처럼 움츠러들어 있었다.

나는 중국어로 말을 걸었다. 그녀는 눈을 감은 채 아무 반응을 보이지 않았다. 다시 한번 그녀에게 돕고 싶다고 말했지만, 여전히 묵묵부답이었다. 그때 충동적으로 가방에 있던 월병을 꺼내 그녀 손에 쥐어주었다. 잠시 동안 월병을 바라보던 그녀의 입술에서 이상한 소리가 새어나왔다. 중국말이었다.

"월병이네." 그녀가 나를 바라보며 미소지었다.

"당신을 돕고 싶어요." 내가 그녀와 시선을 맞추며 말했다. "이름이 뭐예요?"

대답이 없었다. 옆에 서 있던 간호사가 거들었다. "윙 카이(Wong Kwai)예요."

"윙 카이, 나도 중국 사람이에요. 당신을 돕고 싶어요. 어쩌다 이곳에 오게 되었는지 얘기해 줄 수 있어요? 내가 어떻게 도우면 좋을지 알려주세요."

그녀는 한참 동안 나를 응시하다가 주머니에서 무언가를 꺼냈다. 편지 꾸러미였다.

"읽을 수 있어요?" 윙 카이가 속삭였다.

나는 고개를 끄덕였다.

"아들한테서 온 거예요. 하지만 글을 읽을 줄 몰라요."

그녀가 애처로운 음성으로 말했다.

나는 편지 하나를 개봉해 읽어 내려갔다. 아들이 소식이 끊어진 어머니를 찾으며, 어디 있는지, 왜 연락이 안 되는지 궁금해 하는 내용이었다. 편지를 읽는 순간부터 윙 카이는 몸을 바들거리며 떨다가 절망한 듯 흐느끼기 시작했다. 나는 그녀를 잠시 내버려두었다. 그리고 나서 조용히 말했다.

"이제 어쩌다가 이곳에 오게 되었는지 말해 주세요. 아드님께는 내가 편지를 써줄게요."

사연은 이랬다. 윙 카이는 중국에서 만난 아일랜드인 선장 부부의 두 아이를 돌봐주기로 하고 아일랜드에 왔다. 그러다가 선장 부부는 영국으로 가게 되었고, 그녀는 두 아이들과 함께 할머니 집에 기거하게 되었다. 하지만 괴팍한 아일랜드인이었던 할머니는 외국인이라면 질색을 했고 스파이나 매국노 정도로 취급했다. 중국말을 모르는 적개심 가득한 노인과 영어를 한 마디도 모르는 중국 여자

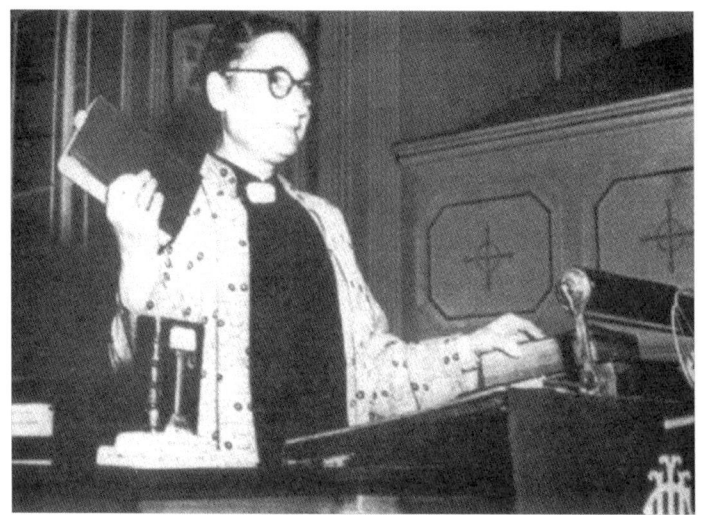
영국에서 중국 선교사역에 대해 간증하는 글래디스 에일워드

가 한 집에 살기 시작하자 금방 문제가 불거졌다. 할머니는 불같이 화를 내는 일이 잦아지다가 어느 날 윙 카이에게 달려들었고 그녀는 자기를 방어했다. 할머니는 귀신에 들린 중국 여자가 미쳐 날뛴다고 경찰에 신고했다. 더 이상 두 사람이 한 집에 머무를 수 없는 지경에 이르렀던 것이다.

상황이 어떻게 돌아가는지 몰랐던 불쌍한 윙 카이는 경찰을 보자 기겁을 했다. 자기를 체포하려는 경찰에 맞서 비명을 지르며 발버

등을 쳤다. 그녀를 대변해 줄 사람이 없었고, 이해하려 들지도 않았기에, 그녀는 정신병원에 강제 수용되고 말았다. 거기서 그녀는 최고의 '바닥 청소부'로 알려졌다. 그곳에 감금돼 생활하는 여러 달 동안 그녀는 외롭고 서럽고 당황스러웠을 것이다.

나는 어떻게 하면 웡 카이를 도울 수 있을지 고민했다. 그때 힘든 게 있으면 언제든 연락하라는 경감의 약속이 떠올랐다. 그 사람이라면 이 문제를 확실히 해결할 수 있을 것 같았다. 그리고 실제로 그는 약속을 지켰다.

경감은 웡 카이를 고용한 아일랜드인 선장에게 그녀를 홍콩까지 돌려보낼 모든 책임이 있다는 사실을 알아냈다. 바로 그 조건으로 그녀를 중국에서 데려왔기 때문이다. 나는 웡 카이의 신원을 보증하겠다는 수많은 서류에 서명을 했고, 마침내 그녀는 자유의 몸이 되었다. 나는 그녀를 데리고 영국으로 돌아와 친구 로즈마리(Rosemary)와 함께 아파트에서 함께 지냈다. 우리의 보살핌을 받은 그녀는 점차 예전 모습을 되찾아갔다.

우리는 그녀에게 한 번도 직접 복음을 전한 적이 없었다. 그런데도 그녀는 우리가 드리는 기도에 귀를 기울였고 우리가 읽는 중국어 성경의 이야기를 듣는 걸 즐겼다. 그러던 어느 날 그녀는 빛나는 얼굴로 다가와 손으로 자기 가슴을 짚으며 이렇게 말했다.

"아이 웨 더, 이 안에 평안이 있어요. 예수님이 이 안에 계시기 때문이에요."

그녀를 바라보는 내 가슴에서 찬양이 터져나왔다. 며칠 후 윙 카이는 길에서 만난 쳉(Cheng)이라는 중국 여자를 데려왔다.

"쳉에게 나의 예수님에 대해 얘기해 주고 싶어요." 그녀는 쳉을 주방으로 데리고 가더니 예수님이 자기에게 행하신 놀라운 일들을 아주 단순하게 얘기해 주었다. 나는 그녀가 얘기하는 걸 가만히 귀 기울여 들었다. 크리스마스를 며칠 앞두고 쳉은 그리스도를 영접했고, 두 사람은 중국인을 만날 수 있는 곳이면 어디든 가서 주님을 전하기 시작했다.

* * *

그 당시 나는 한 동안 계속된 집회에 참석하느라 많이 지쳐 있었다. 다가오는 크리스마스에는 모든 사역을 내려놓고 쉬고 싶었다. 나는 로즈마리에게 의향을 물었다. 우리 둘과 윙 카이, 이렇게 셋이서 조용한 크리스마스를 보내면 어떻겠냐고 제안했다. 나에게 거처를 제공해 주던 집주인이면서, 함께 중국 사역을 힘들게 펼쳐온 친구 로즈마리 브리스코(Rosemary Brisco) 부인도 반색하며 그러겠다고 했다.

내가 중국말로 우리의 계획을 알려주자 윙 카이가 웃었다. 그녀가 얼마 동안 우리 숙소에 있어본 바로는 하루도 조용한 날이 없었기 때문이다. 그런데 조용한 크리스마스를 보내겠다고 하니 웃음이 나왔던 것이다.

다음 날 로즈마리가 말했다. "생각해 보니 불쌍한 쳉 아줌마가 걸리네요. 그녀는 혼자 살잖아요. 이번 크리스마스에 같이 지내자고 해볼까요? 준비한 닭고기가 작기는 해도 사이좋게 네 조각으로 나눠 먹으면 되죠, 뭐."

그 날 저녁에는 수줍음 많은 중국인 소년 피터(Peter)가 나를 만나러 왔다.

"이번 크리스마스에 뭐 할 거니?" 내가 물었다.

"글쎄요, 별로 없어요." 피터가 대답했다.

로즈마리를 돌아보았더니, 그녀가 눈으로 '불쌍한 내 닭고기!' 라고 말하고 있었다.

"그럼 크리스마스에 우리랑 함께 지내지 않겠니?" 내가 그렇게 묻자, 피터의 수줍은 듯한 갈색 눈동자가 밝게 빛났다.

피터가 자리에서 일어설 때쯤, 최근에 예수님을 영접한 프랑스 소년 알란(Alan)이 왔고 어찌어찌 하다 보니 그도 우리의 초대 손님 명단에 이름을 올렸다.

다음 날 아침 일찍 제인(Jane)으로부터 전보가 왔다. 그녀는 내가 아일랜드에 갔을 때 웡 카이가 정신병원에 있다고 맨 처음 알려준 소녀였다. 제인은 크리스마스에 나를 만나러 오겠다는 소식을 전했고 전보가 도착한 다음 날 정말 찾아왔다.

"내 불쌍한 닭고기가 점점 작아지는군!" 로즈마리가 한숨을 쉬었다.

하지만 윙 카이는 유쾌하게 웃었다. 그녀는 크리스천이 되고 나서 그처럼 많은 동포들과 첫 번째 크리스마스를 보낼 것에 대한 기대로 신이 나 있었다. 크리스마스 이브가 되자 벨이 울렸고, 윙 카이가 문을 열어주러 급히 달려나갔다. 곧이어 기쁨으로 놀란 듯한 음성이 들렸고, 나는 로즈마리에게 무슨 일이 벌어지는지 통역해 주었다.

"소년들이 왔다는 거네요." 내가 속삭이며 말했다. "어떤 소년들이 왔다는 거지?"

윙 카이가 방으로 달려 들어왔다. 좋아서 어쩔 줄 모르겠다는 표정이었다. 그녀 뒤에 중국인 소년 셋이 환하게 웃으며 서 있었다.

"소년들이 왔어요." 윙 카이가 노래하듯 말했다. "홍콩에서 왔대요."

소년들이 들어와서 우리에게 차례로 절을 했다. 그리고 나서 셋 중에 연장자인 듯한 소년이 자초지종을 이야기했다.

"저희 일행은 모두 열여섯 명입니다. 전부 학생이고 홍콩에서 왔습니다. 배가 영국에 닿기 직전에 승객 한분이 내일이 크리스마스라고 알려주더군요. 그러면 모든 상점이 문을 닫을 거고 학교도 마찬가지라고요. 그래서 어떻게 해야 할지 고민중이었습니다. 그때 학생 하나가 기억하기를 자기가 홍콩에서 출발하기 전에 어떤 젊은 이를 만났는데, 만약 영국에서 어려운 일을 만나거든 찾아가라고 주소 몇 개를 알려주었다는 겁니다."

그는 종이 쪽지를 건넸고, 거기에는 리즈(Leeds)와 맨체스터(Manchester)의 어떤 집 주소와 함께 우리 집 주소가 적혀 있었다.

"우리는 항구에서 가장 가까운 이 주소를 찾아가기로 결정했고, 먼저 우리 세 사람만 이렇게 왔습니다. 나머지 일행은 항구에 남아서 짐을 지키고 있습니다."

"우리가 여러분들을 위해 무얼 할 수 있는지 봐야겠어요." 나는 그렇게 말하고, 로즈마리와 함께 궁리를 했다. 우리가 직접 잠자리를 제공하는 건 어려웠지만, 근처에 그들 모두가 머물 수 있는 호스텔이 있었다. 나는 호스텔을 찾아갔고, 그곳 주인은 기꺼이 잠자리를 제공하겠노라고 했다. 대신 시간이 없어 음식은 준비하기 힘들다고 했다.

그렇게 우리의 크리스마스 식구는 엄청나게 불어났고, 다음 날 아침에도 몇 사람이 추가됐다. 로즈마리가 준비한 불쌍한 작은 닭고기는 커다란 그릇 속에 죽처럼 산화했고, 능숙한 요리사이기도 한 웡 카이는 하루 종일 중국 음식을 조리해 대느라 쉬지 못했다.

우리의 조용한 크리스마스는 희망사항에 불과했다. 내가 잔뜩 기대했던 닭고기는 맛은커녕 구경도 못했다. 그날 우리 집에 모인 손님이 스물일곱 명에 달했기 때문이다. 하지만 그날 우리의 조그만 집을 가득 채웠던 엄청난 행복과 뒤이어 찾아온 하나님의 축복에 비하면 음식 따위는 아무것도 아니었다.

얼마 안 있어 웡 카이는 고향으로 돌아가기로 결정했다.

"아들이 예수님을 몰라요. 산지에 살고 있는 숙모도 예수님에 대해 듣지 못했을 겁니다. 그러니 고향으로 돌아가 사람들에게 예수님에 대해 말해야겠어요."

그렇게 윙 카이는 우리 곁을 떠났다. 그녀가 우리에게 얼마나 행복한 존재였는지는 그녀가 떠난 후에야 비로소 깨달았다. 그녀가 너무 그리웠다.

몇 주가 흐르고 우리는 한 통의 편지를 받았다. 윙 카이의 아들이 편지와 함께 예쁜 겉옷을 선물로 보냈다. 그는 우리가 자기 어머니에게 베푼 모든 호의에 깊이 감사한다고 했다. 그리고 어머니의 말을 대신 전하자면, 자기 어머니가 가슴에 여전히 평안을 품고 있으며, 사람들에게 놀라운 예수님을 전하고 있다고 했다.

18. 낡은 양복

영국으로 돌아온 지 얼마 안 되었을 때, 나는 중국인들에게 입을 옷이 사실상 하나도 없다는 걸 기억해 냈다. 많은 이들이 고향에서 쫓겨났고 자유 중국으로 몰려들었다. 다른 많은 이들은 본토를 떠나 대만이나 다른 섬들로 옮겨갔다. 그들은 영국 농장에서 사육되는 가축보다 더 열악한 환경에서 무리를 이뤄 살았다. 조직화 된 피난민 수용소조차 음식이 형편없었고, 입고 있던 낡은 옷이 닳고 닳아 누더기가 되어도 제공해 줄 여벌 옷이 없었다.

그에 비해 영국인들은 비록 의복 쿠폰이나 정부 배급제로 제약을 받긴 해도 따뜻한 겨울을 날 수 있는 옷으로 감싸고 다녔다. 영국인들 중에 음식이나 옷이 절실히 필요하다고 말하는 사람을 보지 못했다. 실제로 내가 영국에서 중국으로 떠나던 때와 비교하면 현재의 삶은 어려움과는 거리가 멀었다. 그 당시엔 어딜 가나 실업자들이 긴 줄을 이루고 있었고, 남녀와 어린아이 가릴 것 없이 부족한 영양과 의복 사정으로 고생했다.

나는 여러 교회를 다니며 중국에서의 사역을 전할 때마다, 지금 중국의 크리스천들이 매우 어려운 처지에 있음을 알렸다. 얼마 지나지 않아 오래되었거나 작아서 더 이상 입지 않는 옷들이 꾸러미 채로 들어왔다.

내가 더부살이를 하던 친구 로즈마리 브리스코의 작은 집은 한때는 런던 브라이언스톤 스퀘어(Bryanston Square)에 귀족들이 소유했던 저택 한켠의 마구간으로 사용되던 곳이었다. 지금은 마구간으로는 더 이상 필요가 없어져 자그맣고 아늑한 아파트로 개조되었고, 각각의 세대마다 작은 차고가 딸려 있었다. 우리는 차가 없었으므로 집으로 보내져오는 옷들을 그곳에 임시 보관했다.

로즈마리는 천상 숙녀인데다 나와는 출신과 성장 배경이 아주 달랐다. 그럼에도 그녀는 매주 쏟아져 들어오는 옷가지들을 분류해야 하는 수고를 아무 불평 없이 감내했다. 그녀는 설교를 할 줄도 몰랐고 중국에 가본 적도 없었지만, 우리를 찾아오는 중국인들을 진심으로 맞아주었고 내가 벌이는 모든 일마다 진지한 관심을 갖고 도와주었다.

내가 설교를 하러 여러 도시를 다니며 집을 비운 동안에는, 그녀는 옷가지를 분류하고 세탁하고 수선하고 중국 발송을 위해 포장하는 일로 바쁘게 지냈다. 그것은 남들에게는 이목을 끌 만한 일은 아니었다. 하지만 가난하고 집 없는 사람들에게 그 옷들이 얼마나 큰 위로를 전해 주었을지는 누구도 상상하지 못할 것이다. 우편물이 급증하는 크리스마스 직전에 우리는 25파운드짜리 소포 15개를 중국으로 발송했다. 그것들은 공산당의 위협이 미치지 못하는 지역의 큰 피난민 수용소에서 사역하는 노르웨이 여선교사에게 보내졌다.

선교사는 언제나 그렇듯 구제물품이 들어오면 특별 기도회를 열어 그것들을 분배하는 일에 주님의 인도하심을 구했다. 그날 저녁 선교사는 한 크리스천 중국인 상인을 만났는데, 그가 홍콩과 마카오를 다니며 상품을 팔고 있다고 했다.

"마카오에 피난민들이 많은가요?" 그녀가 물었다.

"거기는 피난민들로 가득합니다."

"거기서 크리스천들이 사역을 하고 있나요?"

"마카오가 포르투갈령이라 그런 일은 할 수가 없죠."

"그러면 제가 옷 꾸러미를 드릴 테니 가져가서 꼭 필요한 사람들에게 나눠줄 수 있도록 주님의 인도함을 구해 보시겠어요?"

중국인 상인은 개봉하지 않은 소포 꾸러미를 하나 받아 마카오로 떠났다. 마카오에 도착한 그는 숙소에 짐을 놔둔 채 식사를 하러 밖으로 나갔다. 거리에서 그는 병약하고 몹시 굶주린 듯한 한 남자와 마주쳤다. 그는 야윈 몸에 소매 없는 조끼와 여성용 속바지만 걸쳤음에도 아무렇지 않게 걷고 있었다.

상인은 그 남자를 쳐다보다가 깜짝 놀랐다. 중국에서 이름을 대면 누구나 알 만한 사람이었기 때문이었다.

"선생님, 혹시 오늘 밤 묵을 곳을 찾고 계신가요?" 상인이 조심스레 물었다.

남자는 고개를 가로저었다.

"그래요? 그러면 괜찮으시면 저랑 함께 식사라도 하시죠?"

"감사합니다. 그렇게 하지요." 그가 점잖케 말했다.

두 사람은 조그만 식당으로 갔고 상인은 간단한 식사를 주문했다.

"선생님이 저만치 걸어오실 때부터 단박에 알아봤습니다." 음식을 먹으며 상인이 말했다. "제가 뭐 도울 일이 있을까요?"

"혹시 크리스천이신가요? 그러면 저와 같이 기도해 주시죠."

상인이 고개를 숙이자 그 사람이 짧게 기도했다.

"주님! 오늘 제 기도 제목 가운데 처음 두 가지를 들어주셔서 감사합니다. 저를 안전한 곳으로 데려오셨습니다. 그리고 먹을 것을 주셨습니다. 이제 저의 세 번째 기도에 응답해 주십시오. 입을 옷을 공급하셔서 제가 다시 직장을 얻고 명예를 회복할 수 있게 도와주십시오."

그러자 상인이 재빨리 대꾸했다. "하나님께서 이미 그 기도를 들어주셨습니다. 지금 제 숙소로 가시죠."

숙소로 간 두 사람은 우리의 사랑이 가득 담긴 소포 꾸러미를 펼쳤다. 맨 처음 눈에 띈 옷은 평소에 구하기 힘든 신사복이었다. 그것도 짝이 온전히 맞는 한 벌이었다. 짝이 안 맞는 양복 상의나 바지는 받은 적이 종종 있지만, 이처럼 완벽하게 짝이 맞는 옷은 거의 처음이었다.

몇 주일 후에 우리는 마카오에서 온 편지 한 통을 받았다. 공산당이 지배하기 전 중국 최고의 갑부이자 영향력 있는 인물이었던 이가 직접 서명한 편지였다. 그는 공산당으로부터 강제로 자신의 재산과 집과 가정을 빼앗겼고, 마카오에서 중국인 크리스천 상인을 만나기 전까지 부랑자로 살던 사람이었다. 그날 밤 상인이 건네준 양복 한 벌 덕분에 직장을 얻게 되었다고 감사를 전해왔다. 이제는 아내와 아이들과의 재회를 위해 열심히 일하고 있다고 전했다.

신실한 불교도였던 그는 자신이 어쩌다가 모든 재산을 공산당 정부에 강탈당하고 감옥에까지 들어가게 되었는지 알려주었다. 그는 감옥에 있으면서 예수님을 알게 되었고 구세주로 영접했다고 했다. 세상에서는 모든 것을 잃었지만 크리스천이 되면서 마음속에 평안과 기쁨을 담을 수 있었다고도 했다. 그것은 어떤 대적이 와도 결코 빼앗을 수 없는 보물이었다.

이런 편지들을 받아 읽으면서 내 마음속에 아이들을 다시 보고 싶다는 바람이 싹트기 시작했다. 영국에서의 안락함을 포기하더라도 다시 한 번 내가 사랑하는 사람들이 겪고 있는 위험 속으로 들어

장성하여 성인이 된 나인펜스와 그녀의 아들.
글래디스 에일워드는 이 꼬마의 할머니가 되어주었다.

가고 싶었다. 하지만 공산 체제인 중국으로 돌아갈 방법은 없었다. 대만이나 홍콩으로는 갈 수 있었다. 내가 사랑하는 사람들 중 많은 수가 그곳에 피신해 있었다.

영국에서의 할 일은 끝났다는 느낌이 들었다. 그 동안 전국을 다니며 중국의 크리스천들이 겪고 있는 고난에 대해 널리 알렸다. 이제는 크리스천으로 살아가기가 너무나도 힘들어진 그곳으로 다시 가서 복음의 이야기를 전해 주고 싶었다. 게다가 나는 늙어 가고 있었고, 영국으로 떠나와 함께하지 못했던 시간만큼 내 사랑하는 중국인들과 함께하고 싶어졌다.

그곳에 도착했을 때 엄청난 환대를 받았다. 그 옛날 양청의 로슨 부인 집에 처음 발을 디뎠을 때 받았던 것과는 너무도 달랐다. 이제는 장성하여 자기 가족을 거느리게 된, 여전히 주님께 충성을 다하는 내 아이들을 만나는 기쁨은 어디에도 비교할 바가 못됐다. 게다가 장제스(蔣-介石, Chiang Kai-shek) 부인의 연락을 받고 직접 만난 자리에서 중국 아이들을 위해 애써준 것에 대한 감사의 말을 듣게 된 것도 나로서는 굉장히 가슴 떨리는 일이었다.

공산당을 피해 이 지역에 모여든 많은 중국인들의 생활 조건은 나에게는 충격이었고, 피난민으로서 그들이 당하고 있는 고통이 고스란히 전해졌다. 내가 할 일이 너무 많았다. 하지만 가진 것은 너무 적었다. 나는 크리스천 몇 사람과 함께 홍콩 피난민 지역에 선교회를 세웠고 타이페이(Taipeh) 인근에는 고아원을 열었다. 하지만 필요에 비해 재정이 턱없이 부족했다. 가장 기초적인 물품조차 조달하기 힘들었다.

그러다가 미국으로부터 간증과 말씀을 전해달라는 요청이 지속적으로 왔고, 나는 결국 내가 그곳으로 가는 것이 하나님의 뜻이라고 느꼈다. 비록 힘들어도 사랑하는 사람들과 함께 있는 것이 더 좋기는 했지만, 내가 미국에 가면 보다 실제적으로 도움을 줄 수 있을 것 같았다. 미국의 교회들은 기꺼이 간증을 허락했고 후원도 하겠노라고 약속했다.

  그렇게 나는 다시 한 번 낯선 나라로 갔다. 낯선 사람들과 낯선 관습 속으로 마음 졸이며 들어갔다. 예상과 달리 그들은 처음부터 나를 진심으로 환대했고 진지하게 나의 설교를 경청했다.

  그리고 하나님은 자기를 신뢰하며 순종하는 자에게 얼마나 신실하게 응답하시는지를 다시 한 번 보여주셨다. 월드비전(World Vision Incorporated)으로 알려진 기구에서 홍콩의 선교부와 타이페이의 고아원에 지속적인 후원을 하기로 약속한 것이다.

* * *

  보잘것없고 많이 배우지 못하여 남들은 물론 내 자신에게조차 모든 면에서 지극히 평범한 사람이 하나님의 부르심에 순종으로 응답할 때, 어떻게 하나님의 도구로 쓰임받을 수 있는지를 경험하는 것은 가슴 벅찬 일이다. 당신에게도 그런 일이 일어났으면 좋겠다. 핍박 받는 중국의 히다안 사기 백성들을 위해 하나님이 영광을 드러내시려고 나를 기꺼이 사용하셨다는 사실을 고백할 수 있어서 기쁘다. 지금 내 가슴은 찬송으로 가득하다.

"하나님의 맨처음 계획은 내가 아니었을 거예요.
그 사람이 누구였는지는 모르겠어요.
어쩌면 남자였을 수 있겠죠.
많이 배우고 출신도 좋은 그런 남자요.
그 사람에게 무슨 일이 일어났는지 나는 모릅니다.
목숨을 잃었을 수도, 아니면
하나님의 부르심을 거절했을지도 모르겠네요.
그래서 하나님이 저 아래를 내려다보신 겁니다.
거기서 글래디스 에일워드라는
보잘것없는 소녀를 보셨죠.
하나님이 부르셨을 때 어떻게 했을까요?
그저 순종했을 뿐입니다."

글래디스 에일워드